MARCO ⊕ POLO

BALTIKUM

ESTLAND · LETTLAND · LITAUEN

Reiseführer mit Insider-Tips

*Sechs Symbole sollen Ihnen
die Orientierung in diesem Führer erleichtern:*

für Marco-Polo-Tips – die besten in jeder Kategorie

für alle Objekte, bei denen Sie auch eine schöne Aussicht haben

für Plätze, wo Sie bestimmt viele Einheimische treffen

für Treffpunkte für junge Leute

(A 1)
Koordinaten für die Übersichtskarte

*Die Marco-Polo-Route verbindet die schönsten Punkte des
Baltikums zu einer Idealtour*

*Diesen Führer schrieb Marianna Butenschön.
Sie war viele Male im Baltikum und hat das Buch
»Estland, Lettland, Litauen. Das Baltikum auf dem
langen Weg in die Freiheit« geschrieben.
Die Marco-Polo-Reihe wird herausgegeben
von Ferdinand Ranft.*

MAIRS GEOGRAPHISCHER VERLAG

MARCO ⊕ POLO

Die Marco-Polo-Redaktion freut sich, wenn Sie ihr schreiben:
Marco-Polo-Redaktion, Mairs Geographischer Verlag
Postfach 31 51, D-7302 Ostfildern 4

Titelbild: Riga, St. Petri-Kirche (Mauritius/Photri)
Fotos: Babovic (26); Butenschön (86); Jeske-Huß (22); Jürgens (21); Mahrt (37);
Mauritius/Backhaus (84); Müller (4, 8, 11, 24, 50, 56, 59, 62, 66, 72, 81);
Schapowalow/Nebe (18); Transglobe/Arthur (28); Transglobe/Bassewitz (96);
Wagner (Umschlagklappe vorn, 7, 14, 15, 30, 65, 91)

1. Auflage 1993 © Mairs Geographischer Verlag/Hachette
Gestaltung: Thienhaus/Wippermann (Büro Hamburg)

Printed in Germany
Gedruckt auf 100% chlorfreiem Papier

INHALT

Entdecken Sie das Baltikum!

*Annäherung an drei Völker, drei Kulturen und drei Länder,
die immer noch für eine Region gehalten werden*

Bis zum Ende der achtziger Jahre war das Baltikum für uns eine terra incognita, ein weißer Fleck auf unseren Landkarten und in unserem Bewußtsein. Allenfalls auf der Wetterkarte des Deutschen Fernsehens wurden Veränderungen »aus dem Baltikum« angezeigt, und dann strömte meistens Kaltluft nach Mitteleuropa. Estland wurde mit Island verwechselt, Lettland mit Lappland, und selbst Litauen, das »Land ein Ende hinter Deutschland« (Arno Surminski), schien unendlich weit weg, trat bisweilen sogar in Verbindung mit Lettland als »Lettauen« in unseren Medien auf. »Reval« war für viele nur eine Zigarettenmarke, nicht aber der historische Name der estnischen Hauptstadt Tallinn. Der berühmte Olympiabob, der in Sarajevo Gold für die UdSSR holte, fuhr als »Russenzigarre« durch die Sportpresse, obwohl der Schlitten aus Riga kam, von Letten gefahren wurde

Das Rathaus von Kaunas wird im Volksmund liebevoll »Weißer Schwan« genannt

und eigentlich eine »Lettenzigarre« war. Ja, und wer wußte noch, daß Litauens Hauptstadt Vilnius (Wilna), einst glanzvolle Residenz der litauischen Großfürsten und der polnischen Könige, auch den stolzen Titel eines »litauischen Jerusalem« trug, aber gleichzeitig auf so manchen westlichen Besucher »beinahe wie eine Jesuitenstadt irgendwo im Herzen Lateinamerikas« (Czesław Miłosz) wirkte?

Die Sichtweise änderte sich erst, als die »singende Revolution« der Esten, Letten und Litauer das Sowjetimperium zu erschüttern begann und Hunderttausende wieder und wieder für die Unabhängigkeit ihrer Länder demonstrierten, dafür aber zunächst in Ost und West gleichermaßen als »Nationalisten«, »Separatisten« und »Extremisten« verunglimpft wurden. Doch dann kam das Jahr 1991, die »Blutsonntage« von Vilnius und Riga im Januar und der mißglückte Putsch in Moskau im August, der den drei Völkern die Freiheit brachte. Nun begriffen auch die Westeuropäer, daß Estland, Lettland und Litauen kei-

5

Geschichtstabelle Estland

3000–2500 v. Chr.
Estnische Stämme am
Finnischen Meerbusen

1219
Beginn der Dänenherrschaft

1230
Gründung der Stadt Reval
durch deutsche Kaufleute; die
Esten nennen die Stadt »Taani
linn« (Tallinn), ursprünglich
»dänische Stadt«

1284
Beitritt Revals zur Hanse

1346
Beginn der Ordenszeit

1558–1583
Livländischer Krieg, 1561 wird
Estland freiwillig schwedisch

1632
Gründung der Universität
Dorpat/Tartu

1710
Russische Truppen erobern
Reval

1721
Frieden von Nystad, Estland
wird russisch

1739
Druck der ersten estnischen
Bibel

1815
Ende der Leibeigenschaft

1869
Erstes Gesamtestnisches
Sängerfest in Dorpat/Tartu;
nationales Erwachen

Ende des 19. Jhs.
Russifizierung einerseits, Entstehung einer estnischen bürgerlichen Gesellschaft anderseits

24. 2. 1918
Unabhängigkeitserklärung

1918–20
Freiheitskrieg

2. 2. 1920
Frieden von Tartu, Sowjetregierung erkennt Estland an

1925
Vorbildliches Gesetz zur Kultur-
autonomie der Minderheiten

17. 6. 1940
Besetzung des Landes durch
die Rote Armee

1941–44
Deutsche Besatzung

1944
Rückkehr der Roten Armee,
Fortsetzung der Sowjetisierung

Sommer 1988
Beginn der »singenden
Revolution«

16. 11. 1988
Souveränitätserklärung
des Obersten Sowjets der
Estnischen SSR

18. 3. 1990
Unabhängigkeitsbewegung
gewinnt die Wahlen, das
neue Parlament erklärt eine
»Übergangszeit«

20. 8. 1991
Unabhängigkeitserklärung
beendet die Übergangszeit

24. 8. 1991
Die Russische Föderation erkennt die Republik Estland an.
Die europäischen Regierungen
nehmen die diplomatischen
Beziehungen mit Tallinn
wieder auf

Folklore als Identitätsmerkmal: Esten in Nationaltracht

neswegs »abtrünnige Sowjetrepubliken« waren, sondern seit dem Zweiten Weltkrieg sowjetisch besetzte Staaten, die sich nicht einen einzigen Augenblick mit ihrem tragischen Schicksal abgefunden hatten.

Eine gemeinsame Geschichte haben die drei baltischen Völker jedoch nicht. Obwohl sie eng nebeneinander in einer geographischen Region an der Ostsee, dem Baltischen Meer, siedeln, gehören sie in ganz unterschiedliche ethnische, sprachliche, kulturelle und historische Zusammenhänge. Die Esten sind ethnisch und sprachlich eng mit den Finnen verwandt. Fast alle Esten sprechen oder verstehen Finnisch. Sie sind Finnougrier. »Balten« im sprachlich-ethnischen Sinn sind nur die Letten und die Litauer. Ihre Sprachen sind eng

miteinander verwandt, haben sich jedoch soweit auseinander entwickelt, daß die Völker sich nicht mehr ohne weiteres verständigen können.

Auf der anderen Seite haben die Esten und die Letten seit dem frühen Mittelalter ein gemeinsames historisches Schicksal erlitten. Bevor sie eigene Staaten gründen konnten, gerieten sie in den Sog der deutschen Ostmission und wurden im 13. Jahrhundert von deutschen Kreuzrittern gewaltsam zum Christentum bekehrt. Schnell sanken Esten und Letten in ihren eigenen Ländern zu erbuntertänigen Bauern deutscher Großgrundbesitzer und später zu deren Leibeigenen herab.

Wohl sind die beiden Völker durch diese Vorgänge früh in abendländisch-christliche Zu-

Freiheitsstatue in Riga: »Für Vaterland und Freiheit«

Ganz anders verlief die Geschichte der Litauer, die sich den Eroberungs- und Bekehrungsversuchen des Deutschen Ordens, der 1283 die mit ihnen verwandten Prußen im späteren Ostpreußen unterworfen hatte, an die 200 Jahre erbittert widersetzten. Die Litauer waren die letzten Heiden Europas.

Christen wurden sie erst infolge der »Krakauer Hochzeit« zwischen ihrem Großfürsten Jogaila und der polnischen Königin Jadwiga. Voraussetzung für diese Verbindung war die Taufe 1387. Folge dieser bis heute umstrittenen Verbindung war eine an die 400 Jahre währende staatliche Gemeinschaft mit Polen, die erst durch die polnischen Teilungen in der zweiten Hälfte des 18. Jahrhunderts beendet wurde, als auch Litauen an das Zarenreich fiel. Der litauische Staat ist also 1918 wieder erstanden, und nie haben die Litauer vergessen, daß ihr Großfürstentum einst eine osteuropäische Großmacht war. Sie sind, wie die Polen, eifrige Katholiken, aber ihr Katholizismus ist nüchterner und universaler als der Katholizismus ihrer polnischen Nachbarn.

Eine gemeinsame Geschichte begann für Estland, Lettland und Litauen erst nach dem Ersten Weltkrieg, als die drei Staaten zum antibolschewistischen Cordon sanitaire Osteuropas gehörten. Einer engeren Zusammenarbeit standen divergierende außenpolitische und wirtschaftliche Interessen im Wege. Der Hitler-Stalin-Pakt vom 23. August 1939 hat das Schicksal der drei Staaten dann für die nächsten 50 Jahre besiegelt. Im Sommer 1940 annektierte Stalin die

sammenhänge eingeordnet worden, und manches spricht für die These, daß sich ihre ethnische Substanz namentlich in der vom Livländischen Ordensstaat gesetzten politischen Ordnung, die auch die wechselnden Landesherren nicht anrührten, erhalten konnte. Aber die Wohltaten der europäischen Zivilisation sollten ihnen erst 700 Jahre später zuteil werden, als das nationale Erwachen des 19. Jahrhunderts in die Gründung der Republiken Estland und Lettland 1918 mündete. Die Esten und die Letten sind überwiegend Protestanten.

drei Kleinstaaten. Estland, Lettland und Litauen verschwanden von der politischen Landkarte und aus dem Bewußtsein Europas, als ob sie nie dazu gehört hätten.

»Die baltischen Republiken sind zu klein für die Unabhängigkeit«, pflegten Intourist-Führer westlichen Touristen noch Mitte der achtziger Jahre kurz und bündig zu erklären. Doch Estland (45 215 km²), Lettland (64 600 km²) und Litauen (65 200 km²) sind größer als Dänemark, die Niederlande oder die Schweiz. Allerdings gibt es viel weniger Balten als Dänen,

Geschichtstabelle Lettland

2000 v. Chr.
Baltische Stämme dringen an die Ostsee vor

seit 1198
»Aufsegelung« Livlands

1201
Gründung Rigas durch Bischof Albert

1282
Riga tritt der Hanse bei

1558–1583
Livländischer Krieg

1582
Riga wird polnisch

1600–1629
Schwedisch-polnischer Erbfolgekrieg

1621
Gustav II. Adolph erobert Riga, Beginn der »schwedischen Zeit«

1700–1721
Nordischer Krieg, im Frieden von Nystad wird Lettland russisch

1764–69
Der deutsche Philosoph und Dichter Herder lehrt und predigt in Riga

1817/19
Aufhebung der Leibeigenschaft in Livland und Kurland

1868
Gründung des »Lettischen Vereins«, der 1873 das erste Gesamtlettische Sängerfest organisiert; erster Höhepunkt des nationalen Erwachens

1905
Erste russische Revolution, Bauernunruhen

18. 11. 1918
Unabhängigkeitserklärung

11. 8. 1920
Frieden von Moskau; Sowjetregierung erkennt Lettland an

17. 6. 1940
Besetzung des Landes durch die Rote Armee

Okt. 1988
Gründung der »Volksfront Lettlands«, die im Frühjahr 1990 die Wahlen zum Obersten Sowjet gewinnt

4. 5. 1990
»Erklärung über Wiederherstellung der Unabhängigkeit«, Beginn einer »Übergangszeit«

21. 8. 1991
Unabhängigkeitserklärung, die am 24. August von der Russischen Föderation anerkannt wird. Weitere Regierungen folgen diesem Beispiel

Niederländer oder Schweizer, nämlich nur eine Million Esten, anderthalb Millionen Letten und drei Millionen Litauer. Hinzu kommen Esten, Letten und Litauer, die seit dem Zweiten Weltkrieg in Westeuropa und Übersee leben.

Estland hat knapp 1,6 Millionen Einwohner mit einem Anteil von 40 Prozent slawischer Bevölkerung. Lettland hat knapp 2,7 Millionen Einwohner, und davon sind fast die Hälfte russischsprachig. Litauen hat 3,7 Millionen Einwohner, und davon sind 80 Prozent Litauer. Die größte nationale Minderheit im Lande sind die Polen mit einem Anteil von rund neun Prozent.

Die baltischen Länder sind also nur dünn besiedelt. Man kann dort stundenlang über Land und durch unberührte Natur fahren und trifft keine Menschenseele. Und anders als in der Sowjetzeit ist jetzt das gesamte Hinterland zugängig, auch wenn die touristische Erschließung erst begonnen hat.

Alle drei Länder sind flache grüne Küstenländer mit weiten Hügellandschaften. Die höchste Erhebung im ganzen Baltikum ist der Große Eierberg (Suur Munamägi) mit 318 Meter Höhe in Estland. Lettlands höchster »Berg« ist der Gaisin-Hügel (Gaiziņkalns) mit 312 Meter Höhe. Litauens höchster Gipfel heißt Josephberg (Juozapinė) und mißt 294 Meter.

Es war diese günstige geographische Lage an der Ostküste der Ostsee, die den drei Völkern immer wieder zum Verhängnis geworden ist, weil sie die Begehrlichkeit der größeren Nachbarn weckte. Die Deutschen hatten ihren »Drang nach Osten«, die Schweden ihr Dominium Maris Baltici und die Russen ihren Traum von eisfreien Häfen am Baltischen Meer. Vorübergehend hatten dort auch noch die Dänen und die Polen ihre Karten im Spiel, so daß die Geschichte der baltischen Völker überwiegend als eine fremdbestimmte erscheint.

Am längsten waren sie in der Neuzeit gemeinsam unter russischer Herrschaft. Als Peter der Große den Schweden während des langen Nordischen Krieges ihre baltischen Provinzen Estland und Livland, Teil des späteren Lettland, weggenommen hatte, sagten die Zeitgenossen und später schrieben es die Historiker, der Zar habe seinem Reich ein »Fenster nach Europa« geöffnet. Als Stalin 1940 die baltischen Staaten annektierte, tat er für die UdSSR dasselbe noch einmal. Auch für die Sowjetunion waren Estland, Lettland und Litauen ein »Fenster nach Europa«, ein Stück Westen innerhalb der eigenen Grenzen, ein »Filter«, durch den westliche Ideen ins Imperium drangen. Und die Geschichte setzte sich fort.

Die besten Reformideen der ausgehenden Sowjetzeit kamen aus dem Baltikum. Die Vorreiterrolle, die baltische Intellektuelle, Schriftsteller, Künstler, Musiker und Wissenschaftler in den sechziger und siebziger Jahren in der Literatur, in der Kunst, in der Musik und in der Wirtschaft gespielt hatten, übernahmen gegen Ende der achtziger Jahre die Volksbewegungen »Rahvarinne« in Tallinn, »Tautas fronte« in Riga und »Sajūdis« in Vilnius, die ihre Länder schließlich in die Unab-

Wasserburg Trakai in Litauen: Bollwerk gegen die Kreuzritter

hängigkeit führten. Sie waren auch die Wegbereiter der Demokratisierung in der Sowjetunion, deren Führung die Signale von der Ostseeküste freilich nicht verstand oder nicht verstehen wollte—während russische Intellektuelle den großen Aufbruch der kleinen Völker fasziniert verfolgten und schließlich bei ihnen in die politische Schule gingen. Das Baltikum hatte sie ohnehin schon immer angezogen. Dort hatte der diskrete Charme der Bourgeoisie alle Gleichschaltungsversuche überlebt. Dort fanden prestigeträchtige Seminare statt, und ein Urlaub am Rigaer Strand, im litauischen Palanga oder im estnischen Pärnu war für die Russen immer etwas ganz Besonderes. Doch vor allem Arbeitskräfte haben die Moskauer Behörden im Zuge der forcierten Industrialisierung der drei Agrarländer über die Jahrzehnte systematisch in die baltischen Republiken gelenkt. Zuletzt konnten die drei Völker, vor allem die Letten und die Esten, sich dieser Form biologischer Aggression kaum noch erwehren. Im ungebremsten Zuzug von Anderssprachigen noch bis weit in die achtziger Jahre liegt einer der Gründe für die »singende Revolution«.

Heute ist nur noch jeder dritte Einwohner Rigas ein Lette. In Tallinn ist jeder zweite Einwohner Nichteste. Vilnius, das vor dem Zweiten Weltkrieg eine mehrheitlich polnisch-jüdische Stadt war, hat erst seit zehn Jahren wieder eine knappe litauische Bevölkerungsmehrheit. Jahrzehntelang mußten sich insbesondere die Esten und die Letten von zugezogenen Russen sagen lassen, sie sollten doch, bitteschön, eine »menschliche« Sprache sprechen, nämlich Russisch, und nicht ihre eigene »Hundesprache«. Man lebte nicht miteinander, sondern nebeneinander. Daß es trotzdem nie zu nationalen Zusammenstößen in dieser Region gekommen ist, ist eine bewundernswürdige Tatsache, die sich nicht nur durch den Zwang des Regimes erklären läßt, sondern auch und vor allem durch eine gleichsam genetische Erfahrung, die in Euro-

11

pa nicht vielen Völkern eigen ist: durch die Übung im Miteinanderauskommen. Heute leben rund zwei Millionen Russen in den baltischen Staaten, von denen der größere Teil bleiben will. Das Baltikum hat daher auch ein russisches Gesicht.

Es ist vor allem diese Übergangssituation, die das Baltikum so anziehend erscheinen läßt. »Eesti«, »Latvija« und »Lietuva« sind Länder zwischen den Zeiten, in denen die Vergangenheit noch sehr präsent ist, die Zukunft aber schon begonnen hat. Eines von vielen Merkmalen für die Zeitenwende sind die Soldaten der Ex-Sowjetarmee, die man an den Wochenenden in den großen Städten beim Ausgang beobachten kann.

Denn noch stehen die Truppen der ehemaligen Sowjetunion in den drei Ländern, noch ist ihre Wirtschaft aufs engste mit der kollabierenden Volkswirtschaft Rußlands verbunden und auf Rohstofflieferungen aus den GUS-Staaten angewiesen. Die Planwirtschaft funktioniert nicht mehr, die Marktwirtschaft funktioniert noch nicht, und die Talsohle des wirtschaftlichen Niedergangs haben die drei Völker noch vor sich. Doch all das ist nicht Folge der wiedererworbenen Unabhängigkeit, sondern schlimmes Erbe von 50 Jahren sowjetischer Besatzung.

Aber der Loslösungsprozeß hat begonnen, und dieser Neuanfang ist das Faszinosum. Deshalb ist eine Reise ins Baltikum ein Abenteuer, eine Entdeckungsfahrt sui generis. Es gilt, eine lange verschüttete Ecke Nordosteuropas wiederzuentdecken und den Wiederaufbau von drei Staaten mitzuerleben. Es gilt, drei erstaunlichen kleinen Völkern zuzusehen, die sich wie weiland Münchhausen, der ja auch im Baltikum einige Abenteuer zu bestehen hatte, selbst aus dem postsowjetischen Sumpf ziehen müssen. Es gilt auch, Anteil zu nehmen. »Zeigt uns eure Solidarität, besucht uns jetzt!« lautet eine Parole, die estnische Fremdenverkehrsmanager Anfang 1992 ausgegeben haben, und das war ganz ernst gemeint. Bei allen Widrigkeiten, mit denen der komfortgewohnte Tourist aus dem Westen in einer Zeit des Umbruchs im Osten rechnen muß, sollte er wissen, daß er herzlich willkommen ist und daß sein Interesse an Land und Leuten dankbar aufgenommen wird. Lassen Sie also die nordisch-hanseatische Überschaubarkeit Tallinns, die großbürgerliche Weite Rigas und den barocken Glanz der Altstadt von Vilnius auf sich wirken. Aber nehmen Sie sich Zeit, denn die Städte erschließen sich erst bei genauerem Hinsehen. Genießen Sie die Landschaft, die unendlichen Kiefern- und Fichtenwälder, die einsamen Seen und die langen weißen Strände. Und entdecken Sie die spröde Freundlichkeit der Esten, den weichen Charme der Letten und die verhaltene Herzlichkeit der Litauer. Dann könnten Sie nämlich eine wertvolle Erkenntnis mit nach Hause nehmen, vor allem, wenn Sie auch noch die Möglichkeit hatten, sich auf die menschlich so rührende und politisch so interessante Geschichte der »singenden Revolution« einzulassen: daß Völker nie zu klein sind, um Großes zu leisten.

Geschichtstabelle Litauen

2000 v. Chr.
Baltische Stämme lassen sich
im heutigen Litauen und ehemaligen Ostpreußen nieder

1008
Erste Erwähnung Litauens in
den Quedlinburger Annalen

1230 ff.
Einigung der litauischen
Stämme durch Mindaugas

1283 ff.
»Litauerfahrten« des Deutschen
Ordens

1386/1387
Krakauer Hochzeit/Taufe

1569
Gründung eines Jesuiten-
kollegs, aus dem zehn Jahre
später die Universität Vilnius
hervorgeht

1569
Lubliner Union; Polen und
Litauen bilden Commonwealth;
Litauen verliert allmählich
seine Eigenstaatlichkeit

1795
Dritte polnische Teilung,
Litauen fällt an das Zarenreich

1831/1863
Polnisch-litauische Aufstände
gegen die Zaren; 1832 folgt
die Schließung der Universität,
1864 ein Druckverbot litauischer Bücher

Zweite Hälfte des 19. Jhs.
Russifizierung, Emigration nach
Übersee, Widerstand vor
allem auch durch Geistliche

16. Febr. 1918
Unabhängigkeitserklärung

12. Juli 1920
Frieden von Moskau, Sowjetregierung erkennt Litauen an

Okt. 1920
Polnische Truppen besetzen
Vilnius endgültig: Kaunas wird
provisorische Hauptstadt

1923
Litauische Freischärler
besetzen Memel

März 1939
Hitler holt Memel »heim ins
Reich«

Sept. 1939
Stalin gibt das Wilna-Land an
Litauen zurück

15. Juni 1940
Besetzung des Landes durch
die Rote Armee

Okt. 1988
Gründung der Reformbewe-
gung »Sąjūdis«, die im Frühjahr
1990 die Wahlen gewinnt

11. März 1990
Das neue Parlament stellt den
unabhängigen Litauischen
Staat wieder her, Gorbatschow
reagiert mit einer Wirtschafts-
blockade

13. Jan. 1991
»Blutsonntag« von Vilnius; beim
Sturm sowjetischer Truppen
auf den Fernsehturm sterben
14 Menschen

31. Juli 1991
Die Russische Föderation erkennt Litauen an, die anderen
Staaten der Welt folgen erst
nach dem mißglückten Putsch
in Moskau im August

Vom Balsam bis Ultima Thule

Ob Lieder oder Legenden, ob Wälder, Seen und Inseln: Von allem gibt es reichlich

Balsam

Der Rigaer Schwarze Balsam (Rīgas Melnais Balzams), ein 45-prozentiger Kräuterlikör, wird nach uralter Rezeptur aus mindestens 34 Kräutern hergestellt. Er hilft angeblich gegen alle Krankheiten, außer gegen Alkoholismus und Liebe.

Bernstein

Seit altersher wird an der östlichen Ostseeküste Bernstein geschöpft, gesammelt, gestochen und gegraben. Schon in der Antike war der »brennende Stein« (lapis ardens) eine begehrte Ware, mit der sich große Gewinne erzielen ließen. Er wurde zu Schmuck verarbeitet, aber auch als Medizin angepriesen. Doch das Geheimnis seiner Entstehung konnten die Wissenschaftler erst lösen, als der Sonnenstein schon jahrhundertelang Handelsobjekt war. Bernstein ist erstarrtes Harz, das sich vor 40 Mil-

Bernsteinverkäuferin

lionen Jahren in den Wäldern Nordeuropas zu bilden begann. Heute wird nur noch wenig Bernstein in Litauen und Lettland gefördert. Die baltischen Bernsteinkünstler und Souvenirproduzenten müssen ihren Rohstoff in Jantarnyj (Palmnicken) im Gebiet Kaliningrad, dem ehemaligen Ostpreußen, kaufen und — nunmehr mit Devisen bezahlen.

Estland: Moorsee bei Tartu. Das Land zählt 1 250 Seen und Stauseen, die zusammen 4,8 Prozent des Territoriums einnehmen

Bodenschätze

Fehlanzeige in Litauen und Lettland. »Unser einziger Bodenschatz ist die Kartoffel«, sagen die Litauer und die Letten. Litauen hat nur Lehm, Quarzsand, Torf, Dolomit, Gips und Kies. Davon hat auch Lettland reichlich. Dazu kommen die Wälder. Estland steht besser da. Im Nordosten des Landes gibt es reiche Ölschiefervorkommen, die in der Sowjetzeit verheizt wurden. Die Esten würden den Ölschiefer gerne chemisch verarbeiten, müssen ihn aber vorläufig noch als Energieträger nutzen. Außerdem besitzen sie riesige Vorkommen an Phosphoriterzen, die aber noch nicht gefördert werden können. Die baltischen Staaten haben auf dem internationalen Markt nur ihre günstige geographische Lage, ihre Arbeitskräfte und ihr Know-how im Umgang mit dem russischen Markt anzubieten.

Dainas

Lettland und seine Dainas sind nicht voneinander zu trennen, weil auf jeden Letten eine Daina kommt. Eine Daina ist ein Volkslied, aber ein ganz besonderes, nämlich ein Vierzeiler ohne Endreim. Den Liedtyp gibt es nur in Lettland. Dainas werden einzeln oder in längeren Reihenfolgen gesungen. Der Mathematiker und Astronom Krišjānis Barons (1835–1923) hat in seinem langen Leben genau 217966 Dainas aufgeschrieben, nach dem Prinzip »Das Menschenleben von der Geburt bis zum Tod« systematisiert und von 1894 bis 1915 in sechs Bänden herausgegeben. Weder vor ihm noch nach ihm hat eine Einzelperson je eine so enorme Sammlerleistung vollbracht. Die Letten nennen Barons den »Vater der Dainas«. Nach seinem Tod haben andere Folkloristen die Sammlung fortgesetzt. Die Dainas sind eine poetisch-musikalische Enzyklopädie, wie sie kein anderes Volk besitzt.

Deutschbalten

Die Geschichte der Deutschen im Baltikum begann mit der Eroberung Livlands im 12./13. Jh. und endete mit der Umsiedlung im Herbst 1939. Als Kaufleute, Missionare und Kreuzritter waren sie gekommen, als Herren sind sie geblieben und als Angehörige einer nationalen Minderheit haben sie Estland (1,5 Prozent der Bevölkerung) und Lettland (3,5 Prozent der Bevölkerung) nach 750 Jahren wieder verlassen. »Auf Nimmerwiedersehen«, sagte der lettische Staatspräsident Kārlis Ulmanis 1939 zum Abschied. Und die Letten wie auch die Esten haben den Deutschen damals wohl keine Träne nachgeweint. Erst in der Sowjetzeit wurden die beiden Völker sich bewußt, daß sie durch die Umsiedlung auch etwas verloren hatten: einen Teil ihrer Geschichte und die Verbindung nach Europa. Heute beziehen Esten und Letten auch die kulturelle Leistung der Deutschbalten in ihr historisches Erbe ein und heißen sie wieder herzlich willkommen. Für die Deutschbalten ihrerseits sind Estland und Lettland immer »die Heimat« geblieben, der sie sich bis heute »in Treuen fest« verbunden fühlen.

Fahnen

Beim Einzug der drei baltischen Olympiamannschaften ins Stadion von Albertville 1992 konnten die Fernsehzuschauer zum ersten Mal auch wieder die drei Flaggen zur Kenntnis nehmen. Die blau-schwarz-weiße Trikolore Estlands geht auf die Farben der ersten estnischen Studentenverbindung EÜS zurück, die 1884 in Tartu/Dorpat gegründet wurde. Die Letten marschierten in den gleichen Kostümen wie 1936 in Berlin, wo sie zuletzt bei einer Olympiade dabei waren, und zeigten rotweiß-rot. Sie betonen gerne, daß es sich um ein Karminrot handle und daß die Farben im Verhältnis $2/5–1/5–2/5$ abgesetzt seien, damit ihre Flagge nicht mit der österreichischen verwechselt wird. Die lettischen Farben wurden erstmals in der Livländischen Reimchronik vom Ende des 13. Jhs. erwähnt und sind womöglich die ältesten »nationalen« Farben in Europa. Litauens Farben sind gelb-grün-rot. »Gelb ist die Sonne, grün ist unsere Natur und rot ist das für Litauens Freiheit vergossene Blut«, lautet eine der vielen Interpretationen.

Hansestädte

Dem Städtebund der Hanse gehörten vier estnische und sieben lettische Städte an. In Vilnius und Kaunas unterhielt die Hanse eigene Kontore, die Hansehöfe. Die Tradition ist auch in der Sowjetzeit nie ganz untergegangen. Schon in den achtziger Jahren nahmen Delegationen aus Riga und Tallinn an den »Hansetagen« in Westeuropa teil. Im Juni 1992 war Tallinn selbst zum ersten Mal Schauplatz der Hansetage und empfing viele Gäste aus hundert europäischen Städten.

Ligo, ligo

Die Sommersonnenwende wird im ganzen Baltikum gefeiert, aber am schönsten ist die Johannisfeier wahrscheinlich in Lettland, wiederum wegen der Lieder. Die Letten besitzen allein 3000 Johannislieder. Die meisten davon stammen aus dem Zentralen Hochland Livlands (Vidzeme), wo die Johannisfeuer auf den »Bergen« angezündet wurden und die Menschen sich vermutlich mit Liedern verständigten. Fast alle Johannislieder enden mit dem Refrain «līgo, līgo». Deshalb werden sie auch Līgo-Lieder genannt. Ein Beispiel:
Laßt uns heute Johannes ehren,
Wachend soll er uns stets finden.
Wenn wir kräftig līgo singen,
Die Sonn' geht auf der Sonnwend.
Līgo, līgo ...

Unter der Sowjetmacht war das Līgo-Fest wegen seiner enormen emotionalen und nationalen Bedeutung zeitweilig verboten. Heute ist der 24. Juni ein Feiertag. Auch in Estland.

Minderheiten

Nationale Minderheiten hat es im Baltikum immer gegeben. Hier wurde die polyglotte multikulturelle Gesellschaft schon praktiziert, als der Begriff noch nicht erfunden war. In estnischen und lettischen Zeitungen wurden in der Zwischenkriegszeit dreisprachige Kellner, Zimmermädchen und Hausmeister gesucht. Man sprach die Staatssprachen, aber meistens auch noch deutsch und russisch. Die Minderheiten waren absolut integriert. Estland, Lettland und Litauen hatten vorbildliche Minderheitengesetze, die erst mit der zunehmend autoritären Entwicklung Ende der zwanziger und in den dreißiger Jahren an Wirkung verloren. In der Sowjetzeit verdrängte das Russische als »Umgangssprache« die drei nationalen Sprachen aus vielen Bereichen des öffentlichen Lebens. Die massenweise zugewanderten Russen, Ukrainer und Bjelorussen hielten es nicht für nötig, Estnisch, Lettisch oder Litauisch zu lernen, weil die Balten ja alle Russisch sprachen, sprechen mußten. Zweisprachigkeit verlangte das Regime nur von den Nichtrussen. So kam es, daß Esten, Letten und Litauer jahrzehntelang in ihren eigenen Län-

Ruine des Brigittenklosters in Pirita bei Tallinn

18

dern, auf Behörden und in öffentlichen Einrichtungen, am Arbeitsplatz und beim Einkauf russisch sprechen mußten. 1988/89 wurden die drei Sprachen wieder zu Staatssprachen erhoben. Von den nach 1945 zugewanderten Nichtbalten, die im Sinne des Völkerrechts Staatsbürger der UdSSR waren und nunmehr Ex-Staatsbürger der Ex-UdSSR sind, also noch nicht als Minderheiten gelten können, wird nun verlangt, daß sie die Staatssprachen erlernen, zumal dann, wenn sie die estnische, lettische oder litauische Staatsbürgerschaft und damit das Wahlrecht erwerben wollen. Das betrachten leider viele Zugereiste, auch wenn sie schon in der zweiten Generation in den baltischen Staaten leben, als Zumutung.

Nationalparks

Der *estnische* Nationalpark Lahemaa (»Land der Buchten«) liegt 70 km östlich von Tallinn an der alten Chaussee nach Sankt Petersburg. Sein Territorium (64 400 ha) umfaßt auch vier Buchten des Finnischen Meerbusens, der die nördliche Grenze der Anlage bildet, daher also: »Land der Buchten«. Lahemaa wurde 1971 als erster Nationalpark in der damaligen Sowjetunion eingerichtet, und darauf waren die Esten immer sehr stolz. Ausgedehnte Hochmoore und riesige Steinfelder, 15 Seen und acht Flüsse, uralte Fischerdörfer und ein Dutzend deutschbaltischer Herrenhäuser bieten ein kontrastreiches Bild.

Der Gauja-Park in Lettland wurde 1974 angelegt. Er heißt nach dem Fluß Gauja und umfaßt das Gauja-Tal zwischen Sigulda und Valmiera. Die Gegend heißt auch »Livländische Schweiz«. Der *lettische* Nationalpark (92 048 ha) liegt 40 km nordöstlich von Riga und ist auch ein Stück unberührter Natur. Touristen sehen sich gerne die Gutman-Höhle, das Schloß Turaida und das Bob-Trainingszentrum von Sigulda an.

Der *litauische* Nationalpark Aukštaitija (30 000 ha) wurde auch 1974 angelegt, zu einer Zeit, als Kernkraftwerke in der Sowjetunion noch als sicher galten. Das Kernkraftwerk Ignalina liegt nur 60 km weiter östlich und wird aus dem Drūkšiai-See gekühlt. Eine ganze Abfolge von Seen, die durch Flüßchen und Bäche miteinander verbunden sind und 15 Prozent der Gesamtfläche einnehmen, gibt diesem Nationalpark sein Gepräge. In Ginučai ist eine Wassermühle aus dem 19. Jh. zu besichtigen, und bei Stripeikiai wartet ein Museum für Bienenzucht auf Besucher. Bei echten Naturfreunden gelten die drei Nationalparks als absolute Geheimtips. Ein Massentourismus soll dort jedoch nicht entstehen.

Sprachen

Das Estnische soll die zweitschönste Sprache der Welt sein. Jedenfalls haben die Esten einmal an einem Sprachenwettbewerb in Italien teilgenommen und mit dem Satz »Poiss läks üle silla« (»Ein Junge ging über die Brücke«) den zweiten Platz gewonnen. Unter den finnougrischen Sprachen, die von 21 Millionen Menschen gesprochen werden, ist die Verwandtschaft zwischen dem Finnischen und dem Estnischen am engsten.

Aber das Estnische ist »moderner« und zählt übrigens auch rund 2000 Lehnwörter aus dem Deutschen. Es ist eine sehr vokalreiche, klangschöne Sprache, und eben diese Eigenschaft hat den deutschbaltischen Dichter Otto von Taube zu einem sehr poetischen Vergleich bewogen: »Die estnische Sprache gleicht dem Gesang der Lerche und dem Flug des Schmetterlings.«

Das Lettische ist eine sehr melodiöse Sprache. Wenn man den Letten zuhört, bekommt man den Eindruck, als werde diese Sprache nicht gesprochen, sondern gesungen. Alle lettischen Männernamen enden mit einem »s«, und auch nichtlettische Namen werden sofort lettisiert: »Lenins« stand am Sockel der großen Statue an der Freiheitsstraße in Riga, die in der Nacht vom 24. auf den 25. Aug. 1991 abmontiert wurde. Im Lettischen gibt es natürlich auch viele niederdeutsche Lehnwörter, aber neuerdings noch mehr Russizismen, die nun wohl wieder verschwinden werden.

Das Litauische ist eine äußerst dialektreiche Sprache. Von allen modernen indoeuropäischen Sprachen hat das Litauische am besten viele Elemente der indoeuropäischen Ursprache bewahrt, darunter das Lautsystem und morphologische Eigentümlichkeiten. Wenn man wissen wolle, wie unsere fernen Vorfahren in Europa gesprochen haben, brauche man nur, so hat der französische Linguist Antoine Meillet um die Jahrhundertwende gesagt, einem litauischen Bauern auf den Mund zu schauen. Das moderne Litauisch ist so archaisch wie altindische Sprachdenkmäler aus dem ersten Jahrtausend vor unserer Zeitrechnung, vergleichbar mit dem Sanskrit, und deshalb für vergleichende Sprachwissenschaftler besonders wichtig und interessant. Es könnte auch sein, daß die Litauer die Namensgeber des Baltischen Meeres sind. Das litauische Wort für »weiß« ist »baltas«, und weiß rollten die Ostseewellen an den Strand. Aber darüber sind sich die Wissenschaftler nicht einig.

Sängerfeste

Das erste Gesamtestnische Sängerfest fand in der Tradition deutscher Gesangvereine 1869 in der alten Universitätsstadt Tartu (Dorpat) statt. 800 Sänger nahmen teil, nur zwei Lieder wurden auf estnisch gesungen, alle anderen auf deutsch. Dennoch war schon dieses erste Fest eine nationale Demonstration, die eine großartige Tradition begründete, so daß die Historiker später schrieben, die Esten hätten sich ihre Freiheit ersungen. Am 21. Gesamtestnischen Sängerfest, das im Sommer 1990 in Tallinn stattfand, nahmen 30 000 Chorsänger teil, und 500 000 Zuschauer und Zuhörer sangen mit. Es war das erste Sängerfest der Nachkriegszeit ohne Lenin und ohne rote Fahnen.

Die *Letten* haben eine ähnliche Tradition. Das erste Gesamtlettische Sängerfest fand 1873 in der Esplanade in Riga statt, das letzte 1990 im Mežapark, und auch die Letten feiern ihre großen Feste im Fünf-Jahres-Turnus.

In *Litauen* ist die Tradition der Sängerfeste sehr viel jünger, weil derlei Zusammenkünfte nach dem Aufstand gegen die Zaren

Sängerfeld mit Bühne in Tallinn

1863 und den folgenden scharfen Russifizierungsmaßnahmen unmöglich waren. Das erste Litauische Sängerfest fand deshalb erst 1921 in der Republik Litauen statt. Es ist bis heute das kleinste geblieben. Aber das bedeutet nicht, daß die Litauer weniger gern singen. Auch für sie gilt, was der estnische Dichter Alexis Rannit, der 1985 im amerikanischen Exil starb, schrieb: »Das Lied ist der Sprache Paradies«.

Ultima Thule

Das »äußerste aller Länder« am Nordrand der Welt hat die Phantasie der Europäer genauso lange beschäftigt wie Troja und Atlantis, seit der griechische Geograph Pytheas von Marseille 325 v. Chr. in seiner Schrift »Über das Weltmeer« auch die Insel »Thule« beschrieb. Ultima Thule ist auf den Shetland-Inseln, auf Grönland und auf Island vermutet worden.

Wo liegt es wirklich? Der Schriftsteller und Filmemacher Lennart Meri, Außenminister der Republik Estland von 1990 bis 1992, glaubt, das Rätsel gelöst zu haben. Ultima Thule ist die estnische Insel Saaremaa (Ösel). Dort ist 500 v. Chr. ein Meteorit niedergegangen, der einen riesigen Flächenbrand auslöste. Davon hörte Pytheas und ging der Sache nach. Meri vermutet, daß Pytheas auf Saaremaa war, wo ihm die Einwohner von der Katastrophe berichteten. Daraufhin nannte Pytheas die Insel »Thule«, was in den ostseefinnischen Sprachen soviel wie »Feuer« oder »Brand« bedeutet. »Thule« = »Feuerland«? Vielleicht. Aus dem Krater, den der Meteorit geschlagen hat, ist ein See geworden, der Kaali-See. Er war den alten Esten heilig. Heute gehört er zu den Sehenswürdigkeiten auf der Insel.

Hier geht nichts über Kartoffeln

In kulinarischer Hinsicht sind die baltischen Staaten Entwicklungsländer

Die baltischen Völker sind Bauernvölker. Bis zur Jahrhundertwende haben sie einfach, kräftig und nicht sehr würzig gegessen. Eine »estnische«, »lettische« oder »litauische« Küche gibt es (noch) nicht. Fragt man heute in Estland und Lettland nach typischen Gerichten, so bekommt man meistens zur Antwort: Kartoffeln, Schweinefleisch und Sauerkraut. Die häufigste Antwort in Litauen lautet: *Cepelinai, Kugelis* und *Verderai*. Das sind Kartoffelköße, Kartoffelpuffer und Kartoffelwürste.

Essen

In den drei Ländern ißt man gerne Gemüsesuppen, Milch-, Brot- und Mehlsuppen. Sehr beliebt sind gratinierte Pilzgerichte und diverse Krautsalate. Gemüsesalate werden oft mit saurer Sahne angemacht. Und zu den Hauptgerichten wird unbedingt Brot gereicht.

Restaurantschiff »Meridianas« auf der Dange im Ostseehafen Klaipėda (Memel), Litauens »Tor zur Welt«

In Estland sollte man nach Piroggen mit Strömlingfüllung fragen. Strömlinge (*Kilu*), eine Heringsart, schmecken auch sehr gut mit Speck.

In Lettland sollte man graue Erbsen mit Speck und Sahne probieren. Silvester werden in Salzwasser gekochte graue Erbsen übrigens trocken in Schüsseln gereicht. Das sind die Tränen des Jahres, die unbedingt ganz aufgegessen werden müssen. Die Letten stehen auf Quarkspeisen, süße Brotsuppe mit Früchten und Sahnehäubchen sowie auf Brotauflauf. Man frage unbedingt nach »Hering im Pelz«, nach Hanfbutter, die eine Delikatesse ist, und nach Johanniskäse, der nicht nur zu Johanni zu haben ist.

In Litauen sollte man den einheimischen Borschtsch, der mit Nudeln angemacht wird, und kalte Rote-Bete-Suppe verlangen. Das litauische »Kiewer Kotelett« sieht aus wie eine Granate und ist vorsichtig aufzuschneiden, weil das Fett leicht herausspritzt. Dann entdeckt man Hühnerfleisch, das in viel Butter paniert wird. *Suktiniai* sind litauische Rouladen, Röllchen aus Rind-

oder Schweinefleisch mit Ei-, Zwiebel- und Speckfüllung. Sie werden auch gerne mit Pilzen gefüllt. Als besondere Delikatesse gilt Sauerampfersuppe *(Rukštinies)*, die mit oder ohne Fleisch gekocht und heiß oder kalt angeboten wird, dann aber unbedingt mit heißen Kartoffeln. Viele Hausfrauen halten sich Sauerampferbeete im Garten.

Trinken

Kaffee wird in den baltischen Ländern so gerne und so viel getrunken wie in Skandinavien, auch noch um Mitternacht. Weine wurden bisher aus Südrußland, aus der Ukraine und aus dem Kaukasus importiert. Die einheimischen Biere sind unterschiedlicher Qualität, einige gut genießbar. Dem russischen Wodka entspricht in Estland der *Viru valge*, der es ebenfalls in sich hat. Beliebt sind in den drei Ländern auch Honiggetränke. In Litauen gibt es viele Weinkeller, in denen Grog angeboten wird.

Restaurants

Ihre Küche zu verkaufen, müssen die baltischen Gastronomen noch lernen. In vielen (noch) staatlichen oder halbstaatlichen Restaurants haben die schlechten Sitten der »guten« alten Sowjetzeit munter überlebt: Die Bedienung läßt auf sich warten, die Speisekarte hält nicht, was sie verspricht, und die Speisen selbst kommen halbkalt und viel zu fettig auf den Tisch. Die Auswahl an Getränken ist gering, und der Kaffee schmeckt wäßrig.

Doch immer wieder stößt man auf Köche, die aus dem wenigen, was sie haben, leckere Köstlichkeiten zubereiten. Besonders in den vielen neuen privaten Restaurants gibt sich das gesamte Personal große Mühe. Dafür sind die Preise für Einheimische unerschwinglich geworden, für westliche Ausländer jedoch (so lange »Krone«, »lettischer Rubel« und »litauische Talonas« so billig sind) lachhaft niedrig. Anders als in der Sowjetzeit bekommt man deshalb jetzt auch in den besten Restaurants meistens gleich einen Platz. Ein besonderes Kapitel sind die Joint-venture-Restaurants, Pizzerien und Fast-food-Einrichtungen, die jetzt in den drei Ländern wie Pilze aus dem Boden schießen. Aber dieses Kapitel kennt der Reisende von zu Hause.

Trinkgeld war bisher unüblich, ist noch nicht »Vorschrift«, wird aber gerne genommen.

Stand auf dem Zentralmarkt in Riga

Sängerfeste und Oldtimer-Rennen

Absolute Höhepunkte sind und bleiben die Sängerfeste

Wie man es auch dreht und wendet, Höhepunkte des Kulturlebens im Baltikum sind und bleiben musikalische Veranstaltungen in der einen oder anderen Form. In den Sommermonaten »singt« es praktisch überall.

FEIERTAGE

Estland
Neujahr, 24. Februar *Tag der Republik/Unabhängigkeitstag, Ostern,* 1. Mai *Maifeiertag,* 23. Juni *Siegestag,* 24. Juni *Johannistag, Weihnachten*

Lettland
Neujahr, Ostern, 24. Juni *Johannistag,* 18. November *Unabhängigkeitstag, Weihnachten*

Litauen
Neujahr, 16. Februar *Unabhängigkeitstag,* 11. März *Tag der Wiederherstellung der Republik, Ostern,* 1. November *Allerheiligen, Weihnachten*

FESTIVALS/LOKALE VERANSTALTUNGEN

Die fünf Jahrzehnte sowjetischer Besetzung haben die baltischen Völker überleben können, weil sie ihre Kultur bewußt als Mittel des Selbstschutzes und der nationalen Identifikation gepflegt haben. Musik und Theater, Malerei und Literatur konnten nur begrenzt kontrolliert und zensiert werden. Kultur ist immer noch »in«, auch wenn die Finanzierung des Kulturlebens in den drei verarmten Staaten schwer fällt.

Tallinn
Juni ★ *Tage der Altstadt.* Die Tallinner erwarten das Altstadtfest alle Jahre wieder mit Ungeduld. Konzerte, Freilichtaufführungen, Ausstellungen, Stadtführungen, z.T. in historischen Kostümen. Großes Erlebnis für jung und alt.

23./24. Juni *Johannisfest.* In dieser Nacht brennen auch in Estland die Feuer der Sommersonnenwende.

Juni–Juli ★ *Sängerfest.* 1994 jährt sich das erste estnische Sängerfest von 1869 zum 125. Mal. Dieses Jubiläum soll vom 30. 6. bis zum 4. 7. 1994 in Tallinn auf dem 22. Gesamtestnischen Sängerfest gefeiert werden.

Sängerfest 1990 in Riga: »Das Lied ist der Sprache Paradies«

Juli *Rocksommer.* Internationales Rockfestival

August *Baltische Regatta.* An der Regatta in der Tallinner Bucht werden jetzt zunehmend auch westliche Crews teilnehmen.

August *Internationales Orgelfestival*

September *Blumenfest*

Oktober *Internationales Jazzfest*

Dezember *Weihnachtsfest in der Altstadt*

Riga

Nicht versäumen: ein Orgelkonzert im Dom. Ein Konzert im Wagnersaal der Philharmonie lohnt sich immer, ebenso ein Chorkonzert im »Ave sol«-Saal in der Peter- und Paulkirche.

April *Theater-Festival Baltischer Frühling*

12. 4.–20. 4. 1993 *Dokumentarfilm-Symposium* der Ostseeländer

23./24. Juni ★ *Johannisnacht in Riga.* Das Johannisfest ist das beliebteste Fest in Lettland.

Juni — Juli — August *Rigaer Sommer.* Konzertserien in Riga und Jürmala

Juli *Oldtimer-Rennen* Die Rallyes in Riga im Zweijahresturnus haben schon Tradition. Die letzte fand im Juni 1992 statt, die nächste ist für Sommer 1994 geplant.

★ *Sängerfest.* Aus Anlaß des 120. Jahrestages des ersten Sängerfestes von 1873 sollen vom 2. bis zum 4. Juli 1993 das 21. Gesamtlettische Sängerfest und parallel dazu das 11. Lettische Tanzfestival stattfinden.

Juli *Jürmala.* Internationaler Songwettbewerb

1. Oktober *Internationaler Tag der Musik.* Konzerte in ganz Riga

Oktober *Internationaler Riga-Marathon.* Der Riga-Marathon 1992 fand zum ersten Mal mit großer westlicher Beteiligung statt.

Vilnius

März *Jazzfestival in Birštonas* im Zwei-Jahres-Turnus: 1994 . . .

Mai ★ *Skamba skamba kankliai . . .* Folklorefest in Vilnius mit Dichterlesung — ein Ohren- und Augenschmaus.

Juli ★ *Sängerfest.* Das nächste große litauische Sängerfest findet im Juli 1994 in Vilnius statt.

Sommer — Herbst *Ruderregatten in Trakai*

Im Wechsel:

Juli Das internationale Folklore-Festival *Baltica* rotiert im Jahreswechsel zwischen den drei Hauptstädten und zieht immer große Besuchermassen aus aller Welt an. »Baltica 91« fand in Riga statt, »Baltica 92« wurde in Tallinn ausgerichtet, und mit »Baltica 93« ist wieder Vilnius an der Reihe.

Sommer/Herbst Die *Kunst-Triennalen und -Quadriennalen* rotieren ebenfalls immer zwischen den drei Hauptstädten. Die Esten richten Graphik-Ausstellungen aus, die Letten sind für Bildhauerei zuständig (letzte Bildhauer-Quadriennale in Riga: Juli 1992) und die Litauer für Malerei (nächste Gemälde-Triennale: 1993).

MARCO-POLO-TIPS FÜR FESTE

1 Sängerfeste
Die großen Sängerfeste in den Städten Tallinn, Riga und Vilnius sind die schönsten Feste des Baltikums (Seite 25, 27)

2 Tage der Altstadt in Tallinn
Altstadtfest für jung und alt mit historischen Elementen (Seite 25)

3 Johannisnacht in Riga
Die Sommersonnenwende wird nach uraltem Brauch in Lettland am ausgiebigsten gefeiert (Seite 27)

4 Skamba skamba . . . in Vilnius
Das Festival »Es klingen, es klingen die Zithern« ist ein Ohren- und Augenschmaus (Seite 27)

Kunst, Keramik und Leder

Mit etwas Glück kann man ein paar hübsche Souvenirs finden

Die baltischen Länder sind keine Einkaufsparadiese und werden es in absehbarer Zeit auch nicht sein. Unter den Bedingungen der Mangelgesellschaft und des wirtschaftlichen Notstandes muß »shopping« vorerst ein Fremdwort bleiben, und man geniert sich geradezu, für diese ausgepowerten Länder Einkaufstips zu geben. Auf der anderen Seite muß ein Anfang gemacht werden. Estland, Lettland und Litauen wollen ja »normale« Reiseländer werden und mit dem Tourismus Geld verdienen. Also muß noch eine Souvenirindustrie aufgebaut werden. Aber das will auch erst gelernt sein. Noch liegt die Patina des Sowjetgeschmacks über den Auslagen in den Vitrinen, noch werden Dekoration, Reklame und Service

Souvenirverkauf im lettischen Freilichtmuseum in der Nähe von Riga. Hier werden Gürtel angeboten. Als Mitbringsel aus dem Baltikum beliebt sind auch Lederarbeiten, Bernstein und Keramik, Geflochtenes, Gewebtes und Handgestricktes

kleingeschrieben, weil Kundschaft sowieso kommt.

Es gibt nur wenige Souvenirgeschäfte, deren Besuch sich lohnt, wobei das Angebot in den drei Ländern weitgehend identisch ist: Keramik, Bernstein, Lederarbeiten, Lederschmuck, Leinen, Handgestricktes, Gewebtes, Geflochtenes, Körbe und Körbchen. Unbedingt zu empfehlen sind die Verkaufsausstellungen der Galerien, wo der Kenner bei estnischen Graphiken, lettischen Skulpturen und litauischen Gemälden sicher zugreifen wird. Und natürlich empfiehlt sich auch ein Streifzug durch die Antiquariate und die Antiquitäten- oder Kommissionsgeschäfte, wo man so manches kostbare Stück erwerben kann. Für Kunst und Antiquitäten ist aber eine Ausfuhrerlaubnis erforderlich, was den Einkauf dann doch wieder mühsam macht. Da hilft dann vielleicht nur Schwarzer Balsam.

Die Geschäfte sind im allgemeinen montags geschlossen, die Öffnungszeiten von Land zu Land unterschiedlich und Mittagspausen den Launen des Personals unterworfen.

Lindas Tränen und Tallinns Türme

Estland ist klein, aber fein und sehr skandinavisch

Jedes Volk hat seine Leidenschaften. Eine estnische Leidenschaft ist, neben dem Singen, das Schreiben von Sagas. Ernest Hemingway hat sie 1937 in seinem Roman »To have and have not« literarisch verewigt. Dazu veranlaßt haben ihn genau 324 Esten, die in verschiedenen Teilen der Welt herumsegelten und Artikel an estnische Zeitungen schickten. »Diese Artikel sind in Estland sehr populär und bringen den Autoren zwischen einem Dollar und einem Dollar und 20 Cents pro Absatz. Sie sind genauso populär wie die Baseball- und Footballnachrichten in amerikanischen Zeitungen

Tallinn, Blick vom Domberg auf die Unterstadt

und laufen unter dem Titel ›Sagas unserer kühnen Seefahrer‹. Kein gutgeführter Yachthafen in südlichen Gewässern ist komplett ohne mindestens zwei sonnengebräunte Esten mit ausgebleichten Haaren, die auf einen Scheck von zu Hause für ihren letzten Artikel warten. Wenn er dann kommt, segeln sie einen anderen Yachthafen an und schreiben eine andere Saga. Sie sind auch glücklich. Es ist großartig, ein kühner Seefahrer zu sein.«

In der Sowjetzeit konnten die »kühnen Seefahrer« bestenfalls in der Tallinner Bucht segeln. Aber 1980 wurden in Tallinn die Segelwettbewerbe der 22. Olympischen Sommerspiele, die in Moskau stattfanden und vom Westen wegen des Ende 1979 erfolgten Einmarsches sowjeti-

Wichtige Abkürzungen			
a.	*aikšte* (Platz)	**pst.**	*puistee* (Allee)
al.	*alèja* (Allee)	**Sv.**	*Sventa* (He., Heiliger)
bulv.	*bulvaris* (Boulevard)	**tee**	*Straße* (estnisch)
mnt.	*maantee* (Chaussee)	**ielā**	*Straße* (lettisch)
pr.	*prospektas* (Prospekt)	**gatvè**	*Straße* (litauisch)

scher Truppen in Afghanistan boykottiert wurden, ausgerichtet. Und da bewiesen die Esten mit dem Bau des modernen Segelzentrums in Pirita, daß sie auf der Höhe der Zeit waren.

Ansonsten war viele Jahre die Fähre »Georg Ots«, die zwischen Tallinn und Helsinki verkehrt, die einzige, halbwegs normale Verbindung mit der Außenwelt, abgesehen natürlich vom Finnischen Fernsehen, das in jedem Haushalt an der Südküste des Finnischen Meerbusens empfangen und wegen der engen Sprachverwandtschaft zwischen dem Estnischen und dem Finnischen auch sehr gut verstanden wird.

Der schönste Weg in die estnische Metropole ist immer noch der Seeweg über Helsinki oder Stockholm. Wenn am Horizont die schlanken Kirchtürme, die wuchtigen Festungstürme und die roten Dächer der alten Hansestadt auftauchen, zuerst un-

wirklich, dann immer realer, versteht man am besten, daß über diese Stadt zu allen Zeiten Gedichte geschrieben wurden. Doch die erste nähere Bekanntschaft mit der »meerumrauschten Ostseekönigin«, der »vielumtanzten Braut«, sollte auf dem Domberg geschlossen werden. Wie wir aus Werner Bergengruens *Der Tod von Reval* wissen, steht »ein Grab am Anfang dieser Stadt.« Die »Ureinwohner des Landes« hätten von jeher »eine sonderbare Sage« erzählt. Sie handelt von Kalev, dem Recken, und von Linda, seiner Witwe.

TALLINN

Mitten in Tallinn erhebt sich ein 50 m hoher Kalksteinfelsen. Das ist der Domberg, und der Domberg ist Kalevs Grab. Als er gestorben war, trug Linda in ihrer Schürze Steine zu einem Grabhügel zusammen. Der letzte

MARCO-POLO-TIPS FÜR ESTLAND

1 Dom zu St. Marien
Die Domkirche zu Tallinn aus dem 13. Jh. birgt die größte Wappensammlung Nordeuropas (Seite 35)

2 Heiliggeistkirche
In der Kirche in Tallinn steht der Flügelaltar von Bernt Notke aus Lübeck und eine Kanzel aus dem 16. Jh. (Seite 36)

3 Nikolajkirche, Tallinn
Hier hängt der »Totentanz« von Bernt Notke (Seite 37)

4 Tartu/Dorpat
Estland wäre unvollständig ohne seine alte Universitätsstadt, die deutsche Professoren einst zu einem »nördlichen Heidelberg« machten (Seite 46)

5 Saaremaa/Ösel
Den Ausflug per Schiff oder Flugzeug nach »Ultima Thule« sollte man sich ruhig gönnen. Estland hat 1500 Inseln, und Saaremaa ist die größte (Seite 43)

Stein ist ihr dann aus der Schürze gefallen, weil er zu schwer war. Darauf setzte Linda sich auf den Stein und fing an, bitterlich zu weinen. Aus ihren Tränen entstand der Obere See (Ülemiste-See) außerhalb der Stadt, der in den letzten hundert Jahren Tallinns Trinkwasserreservoir gewesen ist. Also kann man sagen, daß die Tallinner bis heute Lindas Tränen trinken, die freilich schon lange nicht mehr salzig sind. Den Stein, der Linda aus der Schürze gefallen ist, gibt es wirklich, man kann ihn sich auch ansehen. Er liegt ganz in Ufernähe im Oberen See, einen Steinwurf vom Flughafengelände entfernt. Und Linda sitzt immer noch im Hirve-Park und trauert ihre endlose Trauer.

Der Domberg ist »schuld« daran, daß Tallinn eigentlich aus zwei Städten besteht, der Oberstadt und der Unterstadt. Im Jahre 1219 errichtete der dänische König Waldemar II. anstelle der hölzernen estnischen Bauernburg Lindanise die erste steinerne Burg auf dem Domberg, und 1230 gründeten deutsche Kaufleute am Fuße der Burg die Stadt Reval, so genannt nach der estnischen Landschaft »Rävala«. Reval war über die Jahrhunderte der »deutsche« oder offizielle Name der Stadt. Die Esten aber haben sie schon gleich nach der Ankunft der Dänen »taani linn«, »dänische Stadt« genannt, was mit der Zeit »Tallinn« ergab.

Die »dänische Stadt« Reval trat 1284 der Hanse bei und entwickelte sich schnell zu einem bedeutenden Handelsplatz.

Aus der »dänischen Zeit« (1219–1346) blieben der Name, das kleine Stadtwappen und ein Teil des Straßennetzes sowie auch der Befestigungsanlagen. Schon 1351 hatte Tallinn 31 Türme. Da hatten die Dänen ihren estnischen Besitz aber schon für 19000 Silbermark an den Deutschen Orden verkauft. Reval bestand nun schon aus zwei streng voneinander getrennten Gemeinschaften. Die Statthalter der wechselnden Landesherren, der Bischof und die Ritter lebten in der Oberstadt, während die Unterstadt eine Stadt der Handwerker und der Kaufleute, der Gilden und der Zünfte, wurde.

Die Ordensherrschaft dauerte über 200 Jahre (1347–1561). Sie ging in der zweiten Hälfte des 16. Jhs., während des langen Livländischen Krieges, an dem auch Rußland schon beteiligt war, zu Ende. Im Jahre 1561 unterwarf die Stadt sich freiwillig dem schwedischen König Erik XIV. Die »schwedische Zeit«, die nun begann, gilt in der Geschichte Estlands als die »goldene Zeit«. Einer ihrer Höhepunkte war die Gründung der Universität Tartu (Dorpat) im Jahre 1632.

Die »schwedische Zeit« (1561–1710) ging im großen Nordischen Krieg (1700–1721) zu Ende. In den Jahren 1704 und 1710 erschienen erneut russische Truppen vor den Toren der alten Hansestadt. Sie kapitulierte am 29. September 1710. Die schwedische Besatzung zog mit klingendem Spiel ab, die Russen zogen ein. 15000 Tote waren zu beklagen, es gab nicht genügend Särge. 1712 zählte die Stadt nur noch 1891 Personen »bürgerlichen Standes«. Doch Peter I. bestätigte Reval alle Privilegien: die protestantische Landeskirche, das Deutsche als Landes-

und Verwaltungssprache und das deutsche Recht als Landesrecht.

Es dauerte Jahrzehnte, bis die Stadt sich von den Verwüstungen des Nordischen Krieges erholt hatte. 1739 wurde in Reval die erste estnische Bibelübersetzung gedruckt, 1772 erschien die erste Ausgabe der »Revalschen Wöchentlichen Nachrichten«. Insgesamt gesehen nahmen Stadt und Land in der »russischen Zeit« eine ruhige Entwicklung, auch wenn die Leibeigenschaft im 18. Jh. verschärft wurde und Revals handelspolitische Bedeutung abnahm. Der holländische Handel wanderte nach Sankt Petersburg, der aufstrebenden »nördlichen Hauptstadt« des Zarenreiches, ab, und Hungersnöte in Rußland schädigten den Exporthandel über Reval. Doch 1815 hoben die estländischen Ritterschaften die Leibeigenschaft auf, eine erste Voraussetzung für die Entstehung eines freien estnischen Bauerntums. 1842 wurde die Estländische Literärische Gesellschaft gegründet, die das nationale Erwachen der Esten erheblich gefördert hat. 1867 wurde Reval zur »offenen Stadt« erklärt, die Stadt konnte sich ausdehnen. Seit 1870 verband die Baltische Bahn die estländische Hauptstadt Reval mit Sankt Petersburg, und Handel und Industrie erlebten einen neuen Aufschwung. Das »livländische Stilleben« ging erst in der späten zweiten Hälfte des 19. Jahrhunderts. zu Ende, als die Russifizierung die Deutschen ebenso traf wie die Esten. Ihre Sprachen wurden aus dem Bildungs- und Verwaltungswesen verdrängt, statt dessen das Russische eingeführt.

Doch um die Jahrhundertwende hatte Reval schon eine estnische Bevölkerungsmehrheit, in deren Hände 1904 die Stadtverwaltung überging. Im November 1918, neun Monate nach der Unabhängigkeitserklärung, übernahm die estnische Regierung die Landesverwaltung, und 1920 wurde »Tallinn« der offizielle Name der Hauptstadt des Freistaates Estland. Die »estnische Zeit« hatte begonnen und mit ihr eine neue Blütezeit Tallinns. 1940 war die Einwohnerzahl auf 179 000 angestiegen. Mit der Besetzung des Landes durch die Rote Armee am 17. Juni 1940 begann die »sowjetische Zeit« mit all ihren schlimmen Begleiterscheinungen. Sie wurde durch die deutsche Besetzung (1941–1944) noch einmal kurz unterbrochen. Im September 1944, als die Rote Armee zurückkam, zählte die Stadt noch 127 000 Einwohner und hatte durch sowjetische Bombenangriffe während der deutschen Besetzung schwere Zerstörungen erlitten. Die Hälfte der Wohnfläche war vernichtet. Nun begann der »sozialistische Aufbau«. Tallinn erhielt einen Kranz von Schlafstädten, in denen überwiegend zugezogene Russen wohnen. Große Industriebetriebe wurden in der Stadt angesiedelt, und ihre Einwohnerzahl wuchs schneller, als es ihre Infrastruktur verkraften konnte. 1990 hatte Tallinn 550 000 Einwohner. Die Altstadt von Tallinn (60 ha) ist die am besten erhaltene in Nordosteuropa. Sie ist in den vergangenen 15 Jahren aufwendig restauriert worden und gleicht immer weniger einem Freilichtmuseum.

Als im August/September 1991 die »estnische Zeit« zurückkehrte, begann eine neue Epoche der Landesgeschichte, die das Gesicht der Stadt erneut verändern wird. Nun hält der Westen mit all seinen positiven und negativen Attributen Einzug in Tallinn, dem »steinernen Märchen« des Dichters. Doch alle Jahre wieder, an Neujahr, kommt aus dem Oberen See ein altes Männchen, um den Stadtvätern ein und dieselbe Frage zu stellen: »Wird in Tallinn noch gebaut?« Die Frage muß immer bejaht werden. Denn alle Tallinner wissen, daß der Alte die Stadt vom Oberen See her überschwemmen wird, sollte sie je fertiggebaut werden. In Tallinn muß also ständig gebaut, renoviert und restauriert werden. Das ist die Stadt einer ihrer Legenden schuldig. Und was wären Städte wie Tallinn ohne Legenden? Tallinn wird nie untergehen. (C1)

Alexander-Newskij-Kathedrale

Der wuchtige Bau liefert einmal mehr einen Beweis dafür, daß die Zaren sich auch um das geistliche Wohl ihrer Beamten immer sehr gut gekümmert haben und ihre Macht zu demonstrieren wußten. Die Kirche wurde nach fünfjähriger Bauzeit erst 1900 fertig und nach dem bekannten Großfürsten von Nowgorod benannt, der im 13. Jh. die Kreuzritter auf dem Peipus-See geschlagen hat und dafür im 19. Jh. heiliggesprochen wurde. Die Alexander-Newskij-Kathedrale ist die russisch-orthodoxe Hauptkirche von Estland. *Lossi plats*

Dom zu St. Marien/Domkirche

★ Die Domkirche wurde 1233 erstmalig urkundlich erwähnt. Der Chor stammt vom Ende des 13. Jhs. Die Kirche war bis 1561 Sitz des katholischen Bischofs von Reval, diente in der schwedischen Zeit den kirchlichen Bedürfnissen des schwedischen Gouvernements und wurde in der russischen Zeit zur Kirche (Gruftkirche) der deutschen Ritterschaften. 1927 mußte die deutsche Domgemeinde die Kirche an die Evangelisch-Lutherische Kirche Estlands abtreten, der sie heute als Bischofskirche dient. Die Innenausstattung stammt aus der Zeit nach der großen Feuersbrunst von 1684, der barocke Helm ist aus dem 18. Jh. Die Domkirche birgt mit 115 Stück die größte Wappensammlung Nordeuropas und eine Reihe bedeutender Grabdenkmäler deutschbaltischer Familien, die in der Geschichte Estlands eine Rolle gespielt haben. *Toomkoli*

Große Strandpforte

Dieses wuchtige Tor beschließt die Lange Straße *(Pikk tänav)*. Sein Hauptturm ist längst abgetragen. Aber ein Wachturm und ein Artillerieturm, die »Dicke Margarethe« *(Paks Margareeta)*, sind erhalten geblieben. Das über dem Tor der Strandpforte eingelassene Wappen aus dem Jahre 1529 erinnert an die Ordenszeit.

Haus der Großen Gilde

Die Große Gilde vereinigte seit 1325 die reichen Tallinner Kaufleute. Das Haus der Großen Gilde entstand zwischen 1407 und 1410. Es liegt genau gegenüber der *Heiliggeistkirche* und ist ein

Meisterwerk spätmittelalterlicher Baukunst. Hoch oben im Sims ist das Kleine Stadtwappen angebracht, das auch das Wappen der Großen Gilde war Indiz dafür, daß die reichen Kaufleute praktisch die Geschicke der Stadt lenkten. *Pikk 17*

Heiliggeistkirche (»Pühavaimu kirik«)

★ Die Kirche mit ihrem achtkantigen Barockturm hieß im Mittelalter auch Rathauskapelle, wurde im 14. Jh. zum ersten Mal erwähnt und als einziges Gotteshaus in der Stadt im 15. Jh. nicht umgebaut. Die Heiliggeistkirche ist die älteste Kirche der Esten in Tallinn. Zwei Pastoren, die hier gewirkt haben, sind in die estnische Geschichte eingegangen. Simon Wanradt hat zusammen mit Johann Köll den 1535 erschienenen niederdeutsch-estnischen Katechismus herausgegeben, das erste Druckwerk in estnischer Sprache. Balthasar Russow (1560 bis 1600) ist der Verfasser der berühmten »Livländischen Chronik«, in der er als Zeitgenosse den Livländischen Krieg beschreibt. In der Kirche ist der kostbare hölzerne Flügelaltar des Lübecker Meisters Bernt Notke aus dem Jahre 1483 zu besichtigen. Wertvoll ist auch die älteste Hängekanzel Tallinns vom Ende des 16. Jhs. Und noch eine Sehenswürdigkeit: die älteste Straßenuhr der Stadt (1684), die an der linken Außenseite längs der Pühavaimu-Straße angebracht ist. *Pühavaimu*

Kanutigilde und Olaigilde

In der Kanutigilde hatten sich die Handwerker zusammengeschlossen. Die Fassade ihres Gildehauses zieren Statuen König Kanuts des Heiligen und Martin Luthers. Die Olaigilde war ebenfalls eine Handwerkergilde. Ihr Haus stammt aus dem Jahre 1421. *Pikk 20 und 24*

»Kiek in de Kök« (Guck in die Küche)

Mitte des 14. Jhs. wurde die erste steinerne Stadtmauer gebaut. Sie war 2,3 km lang, davon stehen noch 1,8 km. Von den ursprünglich 40 Türmen sind 26 erhalten geblieben. Der berühmteste ist »Kiek in de Kök« (Guck in die Küche), der größte Kanonenturm im Baltikum. Er wurde 1475 gebaut und ist 49,5 m hoch. Vor der Reformation durfte sonntags kein Feuer gemacht werden, und das Verbot wurde von diesem mächtigen Wehrturm aus kontrolliert. Die Wachen »guckten in die Küche« der Bürger in der Unterstadt. Neben »Kiek in de Kök« erhebt sich der viereckige Mägdeturm (»Neitsitorn«), der noch hundert Jahre älter ist. Eigentlich hat er seinen Namen von der Familie Mäggedin, die in der Nähe wohnte. An den Mägdeturm schließt sich der konsolförmige Marstallturm an (»Tallitorn«), der als Gefängnis diente. Dort gab es auch Gespenster, so daß die Häftlinge immer wieder baten, verlegt zu werden. Das Turmensemble liegt, vom Schloßplatz aus gesehen, hinter der Alexander-Newskij-Kathedrale.

Kleine Aussichtsplattform (»Kohtu«)

◁▽▷ Von hier aus hat man einen unvergleichlichen Blick auf die Unterstadt, ihre Ziegeldächer und ihre Kirchtürme. Die Oberstadt und die Unterstadt waren durch den *Pikk jalg* (Langer Domberg), der genau unterhalb der Plattform verläuft, streng voneinander getrennt. Jahrhundertelang wurde die Turmpforte am unteren Ende des Pikk jalg jeden Abend um 21.00 Uhr fest geschlossen und erst am nächsten Morgen wieder aufgemacht. Durch den *Pikk jalg*, der eine Art Niemandsland zwischen den Bürgern und den Rittern war, ritten letztere vom Domberg herab aufs Land. Grund für den ewigen Zwist zwischen Oberstadt und Unterstadt waren immer Geld, Eigentum und Macht. – Der zweite Weg, der vom Domberg in die Untere Stadt führt, ist der *Lühike jalg* (Kurzer Domberg), der vom *Pikk jalg* durch die »Schwedenpforte« abgeht und eigentlich kein Weg ist und auch keine Straße, sondern eine

(Wendel)Treppe. »Jalg« heißt »Bein«. Witzbolde fragen den Besucher manchmal, ob er denn wisse, warum Tallinn hinkt. Es hinkt natürlich, weil es zwei verschiedene Beine hat, ein langes und ein kurzes . . .

Nikolajkirche (»Niguliste kirik«)

★ Die Pfarrkirche zu St. Nikolaj stammt wahrscheinlich aus der zweiten Hälfte des 13. Jhs. Schriftlich erwähnt wurde sie erstmalig 1315. Sie ist dem Patron der Händler und Seefahrer geweiht, und da sie außerhalb der städtischen Verteidigungsanlagen gegründet wurde, entstand sie als Wehrkirche mit einem geschlossenen Verteidigungssystem. Deshalb ist die Nikolaj-Kirche ein besonders exklusives Erbe der mittelalterlichen Architektur Tallinns. Aber die schöpferischen Perioden der Bauge-

Sehenswert: die mittelalterliche Nikolajkirche in Tallin

schichte nahmen erst mit dem 18. Jh. ein Ende, seither wurde nur noch restauriert und – nach den Zerstörungen des Zweiten Weltkrieges, denen auch die umliegenden zusammenhängenden Bauten zum Opfer fielen – wiederaufgebaut. Die Nikolaj-Kirche birgt zwei große Schätze, die den Feuersturm überstanden haben: den monumentalen Flügelaltar von Hermen Rode aus Lübeck und ein Fragment des berühmten Totentanzes von Bernt Notke aus dem Jahre 1463. Das Fragment ist nur noch 7,50 m lang. In keiner anderen Kirche, in keinem anderen Museum der Welt gibt es den Totentanz auf Leinwand. Der Tallinner Totentanz ist ein Unikum! In der Gruft der Clodtschen Kapelle, die dem Kapellenkranz der Nikolaj-Kirche im 17. Jh. hinzugefügt wurde, liegt der legendäre Herzog Carl Eugen von Croy begraben, ein »merkwürdiger Mann« von dessen »Lebens- und Todeslauf« Werner Bergengruen im »Tod von Reval« berichtet. *Rüütli*

Rathausplatz (»Raekoja plats«)

Der Rathausplatz, früher auch Neumarkt, Deutscher oder Großer und Schwedischer Markt genannt, ist der Mittelpunkt der Unterstadt und ihr ältester Siedlungspunkt. Zwischen 1371 und 1374 wurde mit dem Bau des Rathauses begonnen, das zu Beginn des 15. Jhs. fertig wurde. Es ist ein doppelgeschossiger Kalksteinbau mit einem hohen Satteldach. Den schlanken, achteckigen Rathausturm an der Ostseite krönt eine Landsknechtsfigur, eine Wetterfahne. Das ist der Alte Thomas (»Vana Toomas«), das

Wahrzeichen der Stadt. Die Figur ist eine Kopie, das Original aus dem Jahre 1530 steht im Stadtmuseum. Die dem Platz zugewandte Hauptfassade wird von einem gotischen Bogengang verziert, in dem einmal Händler ihre Stände hatten. Das Rathaus, in dem heute offizielle Empfänge, Preisverleihungen und Konzerte stattfinden, ist das älteste erhaltene gotische Rathaus in Nordeuropa. Gegenüber dem Rathaus liegt die Rathausapotheke, die 1422 erstmalig schriftlich erwähnt wurde und seither ununterbrochen in Betrieb ist. Sie heißt auch Burchart'sche Apotheke, weil sie bis 1911 im Besitz der Familie Burchart war. Die Häuser am Rathausplatz gehörten überwiegend reichen Kaufleuten. Eine Ausnahme bildete das braune »Schokoladenhäuschen« mit seiner schmalen Fassade an der Ecke *Rathausplatz* und *Apteegi*. Es ist eines der ältesten erhaltenen Handwerkshäuser in Tallinn.

Von den einmündenden Straßen ist das kurze Stück der *Vana turu kael* (»Kehle des Alten Marktes«) wohl das älteste. Es verbindet den Rathausplatz mit dem Alten Markt *(Vana turg)*. Das wichtigste Gebäude am Alten Markt ist das sogenannte »Bischofshaus«, das in der Mitte des 15. Jhs. entstanden sein dürfte. Vier Medaillonbilder an seinem Giebel zeigen die vier Evangelisten, ein größeres Bild die Dreieinigkeit. Man passiert den Platz unbedingt, wenn man vom Hotel »Viru« aus durch die Lehmpforte und die Lehmstraße *(Viru)* zum Rathausplatz geht. Von hier aus empfiehlt sich ein Spaziergang in den nördlichen Teil der

Altstadt. Er beginnt bei der kleinsten Gasse Alt-Tallinns, der Bäckergasse oder Weckengasse *(Saia Käik)* links neben der Apotheke. Hier waren einst die Bäcker zu Hause. *Raekoja plats*

Schloß

Das Schloß wurde 1773 auf Befehl Katharinas der Großen für den russischen Gouverneur erbaut. Architekt war Johann Schulz aus Jena. Seit Gründung der Republik Estland dient das Schloß als Parlaments- und Regierungssitz. Hinter dem Gebäude sieht man den Festungsturm »Langer Hermann«, auf dem jeden Morgen bei Sonnenaufgang und zu den ersten Takten der Hymne »Mein Vaterland, mein Glück und meine Freude« die blau-schwarz-weiße Trikolore gehißt wird. *Lossi plats*

Schwarzhäupterhaus

Die »Brüderschaft der Schwarzhäupter« war eine Vereinigung ausländischer Kaufleute, die sich den Heiligen Mauritius zum Schutzpatron erwählt hatten. Einheimische Kaufleute konnten ihr nur beitreten, wenn sie Junggesellen waren. Das Schwarzhäupterhaus vom Ende des 16. Jhs. hat eine prächtige Renaissance-Fassade mit Wappenbildern der Vereinigung zu beiden Seiten des Portals. Die Haustür ist ein Holzkunstwerk der Renaissance. *Pikk 26*

St.-Olai-Kirche

Diese 1267 erstmalig erwähnte Kirche wurde in der zweiten Hälfte des 15. Jhs. zur gotischen Basilika umgebaut. Mit dem Bau dieser Kirche wollten die stolzen Bürger der alten Hansestadt dem Adel auf dem Domberg mit »seiner« Domkirche zeigen, daß sie viel höher bauen können. Um 1500 war der Turm von St. Olai 159 m hoch, und nur das Ulmer Münster war noch höher. Der schlanke Kirchturm diente den Seeleuten über die Jahrhunderte als Orientierungsmerkmal. Doch in der Nacht vom 15./16. Juni 1820 schlug der Blitz in das Gebäude ein, die Kirche brannte fast völlig ab und wurde erst 1834 wieder aufgebaut, mit einem nur noch 139 m hohen Turm. Wilhelm von Kügelgen (1802–1867), Autor der »Jugenderinnerungen eines alten Mannes«, hat 1830/31 das Gemälde für den erneuerten Altar gemalt. Die Kirche war bis 1939 eine deutsche Kirche. Heute gehört sie den Baptisten. *Pikk/Lai*

MUSEEN

Historisches Museum

Das im Haus der Großen Gilde untergebrachte Museum beherbergt neben archäologischen und ethnographischen Objekten mit 124 000 Einheiten die größte Münzen- und Medaillensammlung des Landes, außerdem historische Waffen aus dem 13. bis 20. Jh. sowie eine umfangreiche Siegelsammlung. *Di–Do 11–18 Uhr, Pikk 17*

»Kiek in de Kök«

Ständige Ausstellung Tallinner Befestigungsanlagen. *Di–Fr 10.30–17.30 Uhr; Sa–So 11–16 Uhr. Kommandanti 1*

Kunstmuseum

Das Staatliche Estnische Kunst-Museum befindet sich im Schloß Kadriorg (»Katharinental«). Es zeigt estnische, deutsch-baltische, russische und westeuropäische Meister. Das Schloß selbst ist natürlich auch eine Sehenswürdigkeit. *Mi–Mo 11 bis 18 Uhr, Weizenbergi 37*

Meeresmuseum

🔊 Das Museum ist in der »Dikken Margarethe«, dem Kanonenturm aus dem 16. Jh., untergebracht. Es beherbergt eine ständige Ausstellung zur Geschichte der Schiffahrt in Estland. *Mi–So 10–18 Uhr, Pikk 70*

Museum für angewandte Kunst

Das Museum befindet sich in einem mittelalterlichen Speicher und lohnt einen Besuch wegen seiner sehr modernen, hübschen Schmuckstücke. *Mi–So 11–18 Uhr, Lai 17*

Peter-Häuschen

Das intime Memorialmuseum liegt im Park Kadriorg. Peter I. hat das Haus 1714 erworben und bei seinen häufigen Besuchen in Tallinn darin gewohnt. *Nur im Sommer geöffnet. Weizenbergi 37*

Stadtmuseum

Das in einem mittelalterlichen Kaufmannshaus untergebrachte Museum zeigt eine ständige Ausstellung zur Stadtgeschichte im 18. und 19. Jh., eine Fayencen- und Porzellansammlung aus der Zwischenkriegszeit sowie wechselnde Sonderausstellungen zu verschiedenen Themen. Das Stadtmuseum hat sechs Filialen: im Rathaus und im Rathauskeller, im Kanonenturm »Kiek in de Kök«, im Dominikanerkloster, im Peter-Häuschen und in der Galerie Kalamaja. *Mi–Mo 10.30–18 Uhr, Vene 17*

A. H. Tammsaare-Memorialmuseum

Anton Hansen Tammsaare (1878–1940) ist der bedeutendste Vertreter der estnischen Prosa der ersten Hälfte des 20. Jhs. Er wurde vor allem durch das fünfbändige Epos »Wahrheit und Recht« (1926–33) bekannt. Das Museum befindet sich in einem Holzgebäude aus dem 19. Jh. *Mi–Mo 11–18 Uhr, Koidula 12 A*

RESTAURANTS/CAFÉS

Astoria

Neues, schickes À-La-carte-Restaurant neben dem Palace-Hotel. Abends Live-Musik. Bar! *Vabaduse väljak 5, Tel. 44 84 62*

Eesli tall

Altes Restaurant in der Altstadt, bei den Intellektuellen sehr beliebt. *Dunkri 4, Tel. 44 80 33*

Galaxy

🔊 Restaurant im Fernsehturm mit wunderbarem Blick auf die Stadt und ihre Umgebung. *Kloostrimetsa 58 A, Tel. 23 82 50*

Gnoom

Restaurant, Grill und Bar in mittelalterlichem Ambiente, empfohlen. Café! *Viru 2, Tel. 44 24 88; Café, Tel. 44 27 55*

Hotel »Viru«, 22. Stock

🔊 Die Karte hält mehr, als sie verspricht, und die Aussicht ist besser als die Küche. Aber man kann sie trotzdem probieren. *Viru väljak 4, Tel. 65 22 70*

Kalinka

Russisches Spezialitätenrestaurant im russischen Stil. *Kopli pst. 69, Tel. 47 81 66*

Karja Kelder
Populärer Bierkeller mitten in der Altstadt. *Vaike-Karja 1, Tel. 44 02 80*

Linda
Oase in der Tallinner Gastronomie. Vegetarier willkommen. *Im Palace-Hotel. Vabaduse väljak 3, Tel. 44 47 61*

Maharaja
Ein Stück Indien mitten in Tallinn, englisch-estnisches Gemeinschaftsunternehmen, eines der besseren Restaurants in Tallinn. *Raekoja plats 13, Tel. 44 43 67*

Maiasmokk
Ehemaliges Café »Stude«, erster Schokoladen- und Marzipanproduzent (seit 1864) in Estland. Serviert heute gute warme Küche und Konditoreiprodukte. *Pikk 16, Tel. 60 13 96*

Neitsitorn (»Mägdeturm«)
Das Café über vier Etagen bietet Kaffee, Kuchen, Wein und kleine Imbisse. *Nurmiku põik 1, Tel. 44 08 96*

Peetri Pizza
Wer Hunger hat, sollte zwei Pizzas bestellen, sie sind nicht groß. *Pärnu mnt. 22, Tel., 66 67 11*
Liivalaia 40, Tel. 44 63 78
Lai 4, Tel. 60 16 53
Viimsi, 8 Pargi, Tel. 23 20 77
Kopli 2 C, Tel. 44 94 22

Reeder
Neues beliebtes Restaurant in der Altstadt. Bierkeller! *Vene 33, Tel. 44 65 18*

Sub monte
Gute Küche, relativ schnelle Bedienung, laute Musik, eines der besten Häuser in der Altstadt. *Rüütli 4, Tel. 66 68 71*

Vana Toomas
Kellerrestaurant am Rathausplatz, serviert estnische Spezialitäten, könnte sich mehr Mühe geben. *Raekoja plats 8, Tel. 44 58 18*

EINKAUFEN

ARS-Läden
In diesen Läden werden Erzeugnisse des Kunstgewerbes angeboten. *Liivalaia 12, Vabaduse väljak 8, Pikk 18*

Galerien
Galerii, Pikk 18
Vaal Galerii, Vaike-Karja 12
Molen Galerii, Viru 19
Deco Galerii, Koidula 11

Hanca Ait
Bilder und Kunsthandwerk. *Sauna 10* Kunsthandwerk und estnische Nationaltrachten (hübsche Rökke). *Apteegi 2–3*

UKU
Sehr schöner Kunstgewerbeladen. *Pikk 9*

HOTELS

Neu: *Family Hotel Service Network.* Die Firma Hua Ai Trade Ltd bietet Wohnungen und Zimmer als die »billigste und sicherste Art« an. Der Durchschnittspreis pro Person pro Nacht liegt bei 10 $. *Vana-Viru 13, Tel. 44 11 87, Fax + 7 (01 42) 44 11 87*

Chaika
Mit Datscha-Interieur. Der Eigentümer gibt sich viel Mühe.

Keine Bar, kein Restaurant. *Pärnu mnt. 123, Tel. 55 58 92*

Olümpia
✠↗ Ehemaliges Stadthotel, 1980 gebaut, 28 Stockwerke, Platz für 782 Gäste, zwei Saunas, Schönheitssalon, Friseur, Arzt, Schuhreparatur; Carlsberg-Bar. Wird etagenweise von einer finnischen Firma renoviert und modernisiert. *Liivalaia 33, Tel. 60 24 38, Fax + 7 (01 42) 44 25 21*

Palace-Hotel
Vier-Sterne-Hotel mit allem Komfort. Skandinavisch-estnisches Gemeinschaftsunternehmen. Oase, saftige Preise! *Vabaduse väljak 3, Tel. 44 47 61, Fax + 7 (01 42) 44 30 98, Kategorie 1*

Sport
✠↗ ⚲ Im Olympiazentrum gelegen, hauptsächlich für Sportler gedacht. *Regati pst. 1 (Pirita), Tel. 23 85 98*

Peoleo
Modernes Motel an der Schnellstraße nach Riga. Satelliten-TV. 2 Restaurants, Sauna, bewachter Parkplatz. Guter Eindruck. *Pärnu mnt. 555, Tel. 55 64 69, Fax + 7 (01 42) 77 14 63*

Viru
✠↗ Ehemaliges Intourist-Hotel, zentral gelegen, 458 Zi., zwei Saunas, Friseur, Konferenzsäle, zwei Bars und zwei Restaurants. Blumenladen. *Viru väljak 4, Tel. 65 20 93, Kategorie 2*

AM ABEND

Estonia
Man sollte sich eine Aufführung der »Madame Butterfly«, der »Zauberflöte« oder des »Boris Godunowe« im Opernhaus Estonia nicht entgehen lassen. *Estonia pst. 4*

Estnisches Dramentheater
Warum nicht einmal Molières »Bourgeois gentil homme« in der Inszenierung dieses Theaters ansehen? *Pärnu mnt. 5*

Estnisches Puppentheater
Sehr gelobt werden Hauffs »Kleiner Muck« und William Shakespeares »Sommernachtstraum«. *Lai 1*

Wir empfehlen einen Blick in die aktuelle Ausgabe von *Tallinn this week*, die ausführliche Hinweise auf laufende Veranstaltungen enthält.

Diskothek
⚲ *Lucky Luke's*
Täglich Country- und Diskomusik vom Band, manchmal live von *13–3 Uhr, Merettpst. 20 (an der Seeseite der Stadthalle)*

ZIELE IN DER UMGEBUNG

Brigittenkloster
✠↗ Das ehemalige Kloster, ein Bauwerk der Spätgotik aus der ersten Hälfte des 15. Jhs., wurde bereits 1577 während des Livländischen Kriegs von russischen Truppen zerstört und brannte bis auf die Grundmauern ab. Der anliegende Friedhof wurde noch eine ganze Weile genutzt. In der Klosterruine finden heute Konzerte und Theateraufführungen statt. Vom Eckturm der Klosterruine aus hat man einen herrlichen Blick auf die Tallinner Bucht und die Silhouette der Stadt. (C3)

Kadriorg (»Katharinental«)

◁▷ Das Schloß- und Parkensemble wurde nach Katharina, der Frau Peters I. und späteren Zarin Katharina I., benannt. Die gesamte Anlage mißt 100 ha. Das Schloß, an dessen Nordmauer drei Ziegelsteine freigelegt sind, die der Zar und Zimmermann persönlich gesetzt hat, beherbergt seit 1921 das Staatliche Estnische Kunstmuseum. An der Stelle, wo früher der Obere Schloßteich lag, wurde 1938 – als moderne architektonische Variante des historischen Schlosses – ein Palais für den estnischen Staatspräsidenten (»Staatsältester«) errichtet. Das schönste Barockensemble Estlands ist besonders in den hellen Sommermonaten einen Besuch wert. Am Schwanenteich beim unteren Garten sollte man auf das Denkmal für Dr. Friedrich Reinhold Kreutzwald (1803–1882) achten, den Sammler estnischer Folklore und Verfasser des Nationalepos »Kalevipoeg« (»Kalevs Sohn«).

Pirita

✹ ☀ ◁▷ Das hochmoderne Segelzentrum wurde für die Segelregatten der 22. Olympischen Sommerspiele angelegt. Die Anlage hat Platz für 750 Yachten und Motorboote, das Olympische Dorf kann 630 Gäste aufnehmen. (C3)

Rocca al Mare
(»Felsen am Meer«)

✹ ☀ ◁▷ In der Geschichte und Architektur Tallinns haben Fremde eine größere Rolle gespielt als die Esten. Im Freilichtmuseum Rocca al Mare, das 1957 unter tätiger Mithilfe der gesamten Bevölkerung kreisförmig auf 71 ha angelegt wurde, herrscht »estnischer Geist«, wie es in einem Prospekt heißt. Und das stimmt. Geordnet nach den vier großen ethnographischen Regionen des Landes, stehen hier 60 Bauten aus drei Jahrhunderten, die zu zwölf Gehöften zusammengefaßt worden sind. Wenn man also wissen will, wie die Esten über die Jahrhunderte außerhalb der deutsch geprägten Städte gelebt haben, sollte man sich einen Tag für Rocca al Mare nehmen. Im Sommer wird hier gesungen, getanzt, gewerkelt – gelebt. Souvenirstände laden zum Kauf ein. (C3)

Saaremaa (Ösel)

★ Die größte estnische Insel (»Ultima Thule«) sollten Sie unbedingt besuchen. Die Inselhauptstadt *Kuressaare* (Arensburg) ist nur 222 km von Tallinn entfernt und mit Bus, Pkw und Flugzeug zu erreichen. *Die Fähre fährt von Virtsu ab.* Auf der Insel gibt es – neben Kuressaare mit seinem Bischofsschloß – den geheimnisvollen *Kaali-See* zu besichtigen. Außerdem besitzt die Insel ein Museum, an dem Don Quichotte seine Freude gehabt hätte, nämlich ein *Windmühlenmuseum.* (B2–3) *Auskunft erteilt das Service-Büro im 2. Stock des Hotels Viru in Tallinn. In Kuressaare erteilen Auskunft: Reisebüro Thule, Pargi 1, Tel. 5 74 70, und Reisebüro Saaremaa, Pärna 2, Tel. 5 79 70*

Sängerfeld (»Lauluväljak«)

✹ ◁▷ In der Livländischen Chronik des Balthasar Russow aus dem Jahre 1584 ist von sommerlichen Kirchmessen in Estland die Rede, zu denen die Bauern »bei großen Haufen« mit großen Sackpfeifen kamen, »sich fröhlich zu machen«. Die Sackpfeifen waren »bei Abendzeiten schier über eine Meile Wegs« zu hören, und »das hat die ganze Nacht bis an den lichten Morgen gewährt«. In der Kirche, »wenn der Sermon beginnen sollte«, haben die Bauern dann aber »so geschwatzt und gefladdert, daß der Pastor von ihrem Geschrei weder sehen noch hören konnte«. Und auch danach »ist es da wieder an ein Schwelgen, Tanzen, Singen und Springen gegangen, also daß Einem vor ihrem Geschrei und der Weiber und Mägde Gesange und auch vor dem Schall der vielen Sackpfeifen das Hören und Sehen vergehen mochte«. Eine dieser feuchtfröhlichen Kirchmessen fand beim Brigittenkloster statt, und da sollen die Sackpfeifer einmal soviel Lärm gemacht haben, daß sie die Orgel der Klosterkapelle übertönten und der Gottesdienst abgebrochen werden mußte. Das Kloster Pirita *(Brigittenkloster)* ist schon lange eine Ruine, doch der fröhliche Gesang der Esten hat die Jahrhunderte und das anfängliche Unverständnis deutschbaltischer Pastoren, die nicht verstanden, was ihre »undeutschen« Pfarrkinder sangen, überdauert. Für die ersten Sängerfeste nach 1869 waren noch provisorische Bühnen gezimmert worden. Die erste Bühne auf dem heutigen Sängerfeld entstand 1928 zum 8. Gesamtestnischen Sängerfest. Sie reichte schon bald nicht mehr aus, weil immer mehr Chöre teilnehmen wollten, und auch das Publikumsfeld wurde zu klein. Die Erweiterung des Territoriums auf 30 Hektar erfolgte 1957, mit dem Neubau der Bühne wurde 1958 begonnen. Sie wurde 1960 fertig – eine Art Muschel, die 30 000 Sänger aufnehmen kann. Das Hängedach wirkt als Schallreflektor und reflektiert die Lautstärke des Riesenchors auf das Publikumsfeld, das 500 000 Personen aufnehmen kann. Die Phantasie reicht nicht aus, um sich die Schönheit eines Sängerfestes vorzustellen. Man muß es selbst erleben und das traditionell erste Lied »Morgenröte« hören, das mit den Worten beginnt: »Lieder erklingen in herrlichem Schalle«. (C3)

NARVA

Die alte estnisch-russische Grenzstadt am gleichnamigen Grenzfluß, ein Zentrum der Textilindustrie und der Energiegewinnung, wurde 1171 erstmalig in einer Nowgoroder Chronik erwähnt. Die Geschichte dieser während des Zweiten Weltkrieges fast völlig zerstörten und nach 1945 russifizierten Stadt, die immer im Schatten Tallinns und Tartus gestanden hat, die nie Mitglied der Hanse war und die der Reisende vermutlich nur auf der Fahrt nach Sankt Petersburg streift. ist interessanter als ihre Gegenwart. Sehenswert ist nur das am Steilufer der Narva (Narowa) gelegene *Schloß*, das Ende des 13./Anfang des 14. Jhs. von den Dänen in Kastellform gebaut und nach 1346 von den Ordensrittern um zwei Flügel erweitert wurde. Der viereckige Turm wurde Mitte des 16. Jhs. vollendet und auch »Langer Hermann« genannt. Zu diesem Zeitpunkt hatten die Russen bereits am gegenüberliegenden Ufer les Flusses Fuß gefaßt. Dort hatte Großfürst Iwan III. von Moskau 1492 eine Feste hochziehen lassen, die ihm zu Ehren »Iwangorod« genannt wurde. Iwangorod war seit dem 16. Jh. der wichtigste Vorposten des russischen Staates im Nordwesten, gleichzeitig der erste russische Hafen an der Ostsee. Die Schweden haben kaum Spuren in Narva hinterlassen. Das Schloß überstand die Zeiten beinahe so, wie es gebaut worden war, und wurde erst während des Zweiten Weltkrieges zerstört. Der einzigartige barocke Stadtkern wurde um 1950 planiert. Restaurationsarbeiten im Schloß laufen seit Mitte der 50er Jahre, und heute sieht der »Lange Hermann« wieder so aus, wie im 16. Jh. Gut erhalten ist das dreistöckige *Rathaus*, das Mitte des 17. Jhs. im Stile des nordischen Barock errichtet wurde. In der Sowjetzeit bildeten Narva und Iwangorod eine Doppelstadt. Heute verläuft an der Narva die Staatsgrenze der Republik Estland. (F1)

MUSEUM

Stadtmuseum im Schloß
Sa–Di 10–18 Uhr

RESTAURANTS

Baltika
Pushkini 10, Tel. 3 15 31

Joala
Kreenholmi 6, Tel. 3 35 63

Narva
Pushkini 6, Tel. 2 27 00

Oksana
Tallinna mnt. 19

PÄRNU (PERNAU)

Die über 700 Jahre alte Stadt, die auch Mitglied der Hanse war, liegt am gleichnamigen Fluß und an der gleichnamigen Bucht. Wenn Sie auf der Marco-Polo-Route nach Riga fahren, sollten Sie in diesem schönen alten Ostseebad rasten. 18 Parkanlagen und 35 km Alleen garantieren Ihnen eine angenehme Verschnaufpause. Die Stadt, die 1251 gegründet wurde, hat eine interessante Geschichte, weil sie sich aus zwei miteinander rivalisierenden städtischen Siedlungen, Alt-Pärnu und Neu-Pärnu, entwickelte. Auch Pärnu war am Ende des Nordischen Krieges zerstört, wirtschaftlich ruiniert und beinahe menschenleer. Auch hier setzte der Aufschwung nur langsam ein. Aber in der ersten Hälfte des 19. Jhs. übertraf der Hafen in der Ausfuhr denjenigen von Tallinn. Exportiert wurden vor allem Flachs, Leinen und Holz. Die Geschichte des Kurortes Pärnu beginnt 1838, als das erste Kurgebäude eröffnet wurde. In den zwanziger und dreißiger Jahren des 20. Jhs. empfing Pärnu sogar Badegäste aus Skandinavien. In der Sowjetzeit wurden große Sanatorien hochgezogen, so daß Pärnu schließlich 30 000 Gäste aufnehmen konnte. Heute bemüht sich die Stadt, den alten Glanz zurückzuholen. (C2)

BESICHTIGUNGEN

Lydia-Koidula-Denkmal
Die Dichterin (1843–1886) war die berühmteste Tochter der Stadt. In Pärnu hat die Koidula ihre erste Erzählung »Das Stein-

kreuz« geschrieben. Zu Ehren der ersten estnischen Dichterin wurde am 9. Juni 1929 das Lydia-Koidula-Denkmal auf dem gleichnamigen Platz enthüllt. Auch das Stadttheater trägt den Namen der Dichterin. *Koidula väljak*

Rathaus
Das Rathaus ist im ehemaligen Harderschen Haus, einem Gebäude vom Ende des 18. Jh. untergebracht. Im Sitzungssaal finden Konzerte statt. *Vana 12*

Roter Turm (»Punane torn«)
Der Festungsturm aus der Ordenszeit hat auch als Gefängnis gedient. Er ist das älteste Architekturdenkmal in der Stadt. *Hommiku 11, Mi–So 12–17 Uhr*

Sakralbauten
Viele Konfessionen sind in Pärnu vertreten. Die wichtigsten Kirchen sind die lutherische *Elisabeth-Kirche* (1744–50), *Nikolai 22,* und die russisch-orthodoxe *Katharinen-Kirche (1764–68), Vee 16. Beide liegen im Stadtzentrum.*

Tallinner Pforte (»Tallinna värav«)
Die Pforte mit barocker Hauptfassade ist Teil der Befestigungsanlagen aus der Schwedenzeit. Sie liegt am westlichen Ende der *Kunninga-Straße,* in der aus der Schwedenzeit auch noch ein Warenspeicher *(Nr. 24)* erhalten ist.

MUSEEN

Lydia-Koidula-Museum
Jannseni 37, Mi–So 10–17 Uhr, Sa 10–16 Uhr

Roter Turm
Hommiku 11, Mi–So 12–17 Uhr

Stadtmuseum
Rüütli 53, Mi–Fr 11–18 Uhr

RESTAURANTS

Hermes
Riia mnt. 74, Tel. 4 26 81

Neptun
Ranna pst. 3, Tel. 4 34 85

Pärnu
Rüütli 44, Tel. 4 22 30

Tallinn
Akadeemia 5, Tel. 4 04 68

HOTELS

Kajakas
Seedri 2, Tel. 4 30 98

Pärnu
Rüütli 44, Tel. 4 21 45

Viktoria
Das schwedisch-estnische Gemeinschaftsunternehmen empfiehlt sich als Estlands neuestes und bestes Hotel im Herzen Pärnus. Es wurde 1991 eröffnet und gehört zur »Best Western«-Kette. Das »Viktoria« arrangiert auch Jagdausflüge. Restaurant, Café, Snackbar. *Buchung: Kunninga 25, Tel. 4 34 12, Fax +7(0 14 44)4 34 15, Kategorie 1*

Voit
Kunninga 25, Tel. 4 31 69

TARTU

★ Die Universitätsstadt Tartu (Dorpat) am Emajögi (Embach) ist die älteste Stadt des alten Livland. Der altrussischen Nestor-Chronik zufolge hat der Großfürst Jaroslaw von Kiew im Jahre

1030 einen Feldzug gegen die Esten unternommen, sie besiegt und anstelle ihrer Burg »Tarbatu« den »Grad Jurjew«, also die Stadt Jurjew, gegründet. Genau 31 Jahre später hatten die Esten die Russen wieder vertrieben. Doch 1212 besetzten deutsche Kreuzritter die Siedlung und nannten sie »Dorpat«. Tartu und Dorpat haben die gleiche Wurzel im altestnischen Wort »tarvas«=Auerochse, der das Schutztier der Siedlung »Tarbatu« war. 1224 begann Bischof Hermann mit dem Bau eines Schlosses und einer mächtigen zweitürmigen Domkirche. Wie Reval/Tallinn gehörte auch Dorpat/Tartu dem Städtebund der Hanse an. Doch vom mittelalterlichen Tartu ist außer den Ruinen der Domkirche und dem Straßennetz, der St. Johanniskirche und drei Metern Stadtmauer nichts übrig geblieben. Denn keine andere Stadt im ganzen Baltikum ist so stark umkämpft gewesen wie die Stadt des Auerochsen. Allein zwischen 1558 und 1704 hat sie achtmal den Herren gewechselt. Was die Bilderstürmer und die fremden Eroberer seit dem 16. Jh. nicht schafften, das besorgten die großen Brände, von denen die Stadt 1755, 1763 und 1775 heimgesucht wurde. Tartu ist daher als neuzeitliche Universitätsstadt, als »Embach-Athen« und »Heidelberg des Nordens«, als Musen- und Gelehrtenstadt bekannt geworden. Seine »Altstadt« ist eine Stadt des Klassizismus. Die Stadt war 1625 schwedisch geworden, und am 30. Juni 1632 hat Gustav II. Adolf von Schweden im Feldlager vor Nürnberg die Stiftungsurkunde der »Academia Gustaviana« unterzeichnet. Doch schon 1699 mußte die Universität nach Pärnu (Pernau) verlegt werden, wo sie 1710 in den Wirren des Nordischen Krieges unterging. Tartu, seit 1704 russisch und erneut schwer verwüstet, erholte sich nur langsam von den Kriegsfolgen und erlebte eine neue Blütezeit erst ab 1802, als Zar Alexander I. die Neugründung der Universität als Kaiserliche Russische Universität verfügte. Viele bedeutende deutsche Mediziner, Pharmakologen, Juristen, Philologen und Naturwissenschaftler haben an der Alma mater Dorpatensis gelehrt oder sind aus ihr hervorgegangen. Aber Tartu war auch das Zentrum des nationalen Erwachens der Esten. Im Sommer 1869 fand in der Nähe der Petrikirche das erste Gesamtestnische Sängerfest statt, und noch heute wird an dieser Stelle das Festfeuer entzündet, um von hier aus nach Tallinn getragen zu werden. 1870 wurde das erste Theaterstück in estnischer Sprache, die Komödie »Der Cousin von Saaremaa« von Lydia Koidula, aufgeführt, nachdem schon 1865 die estnische Theatergesellschaft »Vanemuine« gegründet worden war. Das geistige Zentrum der Esten ist Tartu auch während der 1885 einsetzenden Russifizierungswelle geblieben, als die Stadt vorübergehend wieder Jurjew hieß. 1906 öffnete dann das Theater »Vanemuine« seine Pforten, das auch das erste Musiktheater Estlands war. Am 2. Februar 1920 erlebte die Stadt ihren wohl größten historischen Augenblick, die Unterzeichnung des Friedens von Tartu, in dem Sowjetrußland die Unabhängigkeit des Freistaates Estland anerkannte. Doch 1940 kamen die Russen wieder zurück. 1977 wurde in Tartu der 100 000. Einwohner geboren. Doch bis 1990 war ausgerechnet diese alte Universitätsstadt wegen des nahegelegenen sowjetischen Militärflughafens eine »geschlossene« Stadt, in der Ausländer nicht übernachten durften. Das »nördliche Heidelberg« hatte jahrzehntelang keine ausländischen Professoren oder Lektoren! Aber Tartu ist, trotz der schweren Zerstörungen des Zweiten Weltkrieges und des in der Sowjetzeit bewußt verzögerten Wiederaufbaus, eine sehr estnische Stadt geblieben, »Pealinn«, die »Stadt mit Kopf«, im Gegensatz zu Tallinn, das die Leute »Peagalinn«, die »Kopf-«- oder Hauptstadt, nennen. (E2)

Domberg mit Domruine

Die Domkirche ist schon während des Livländischen Krieges weitgehend zerstört worden und 1624 endgültig ausgebrannt. Nach der Wiedereröffnung der Universität wurde der Chor zur Universitätsbibliothek umgebaut und bis 1982 auch als solche genutzt. Heute ist im Chor ein *Museum* zur Universitätsgeschichte *(Mi–So 11–17 Uhr)* eingerichtet. Beachtenswert sind die Denkmäler in der Nähe, die bekannten Dorpater Gelehrten gewidmet wurden. Unter ihnen ist der Biologe und Anatom Karl Ernst von Baer (1792–1876), der Begründer der Embryologie und Entdecker des Säugetieres, ein »nördlicher Humboldt«, der berühmteste. Die Alte Anatomie (1805) und die Sternwarte

(1810) gehören zu den ältesten Gebäuden auf dem Domberg. Beachtenswert im Bereich des Domberges sind ferner die *Engelsbrücke*, die von 1836 bis 1838 erbaut wurde und Georg Friedrich Parrot (1767–1852), dem ersten Rektor der wiedereröffneten Universität gewidmet ist, sowie die *Teufelsbrücke* aus dem Jahre 1913, die Zar Alexander I. gewidmet ist. *Lossi*

Gustav-Adolph-Denkmal

Dem Gründer der Universität hatte die Stadt 1928 ein Denkmal gesetzt. Es wurde 1950 abgerissen, weil es den sowjetestnischen Behörden als Studententreffpunkt mißfiel. Die Studenten trafen sich weiter am leeren Sockel. Nun haben sie ihren König wieder. Am 23. April 1992 enthüllte König Carl XVI. Gustav von Schweden, der in Begleitung von Königin Silvia Estland besuchte, eine Nachbildung der Statue seines illustren Vorgängers. Die Gußform hatte die Universität Uppsala gestiftet, Geld wurde von Deutschbalten gesammelt, und gegossen wurde der neue Gustav II. Adolph aus der Bronze einer überflüssig gewordenen Lenin-Statue in Tallinn. Das Denkmal steht im Hof der Universität. *Ülikooli 18*

Rathaus/Marktplatz

Die *Ülikooli-Straße* (Universitätsstraße) führt zum Rathaus. Es ist das dritte in der Geschichte der Stadt und wurde von 1782 bis 1789 erbaut. Der frühklassizistische dreistöckige Bau trägt ein Barocktürmchen. Das zweite interessante Gebäude steht am *Alten Markt 18 (Vana torg 18)*. Es ist das »schiefe Haus von Tartu« und hat einmal der Witwe des russischen Feldherrn schottischer Herkunft Michail Barclay de Tolly (1761–1818) gehört. Heute ist darin eine Galerie untergebracht.

Universität

Die Universität wurde am 1. Dezember 1991, nach dem Ende der sowjetischen Besetzung, erneut als Estnische Staatsuniversität eröffnet. Die Zierde des 1804 bis 1809 entstandenen Hauptgebäudes ist die Aula mit 28 ionischen Säulen, in der wegen ihrer hervorragenden Akustik auch Konzerte stattfinden. Das Hauptgebäude ist das schönste klassizistische Gebäude in Estland. *Ülikooli 18*

Universitätsbibliothek

Die 1982 eröffnete Bibliothek birgt wertvolle Inkunabeln (»Wiegendrucke«), Zeichnungen, Gravüren und Bilder baltischer und westeuropäischer Meister vom 16. bis 19. Jh. *Ülikooli 18*

MUSEEEN

Karl Ernst v. Baer-Haus

Das Memorialmuseum wurde 1976 zu Baers 100. Todestag eröffnet. *Veski 4, Mo–Fr 13–17 Uhr*

Fr. R. Kreutzwald-Literaturmuseum

Das 1940 gegründete Museum enthält eine der größten Folkloresammlungen der Welt. *Vanemuise 42*

Museum für klassische Altertümer der Universität

Das Museum ist das älteste in Estland. Es enthält Gipskopien antiker Skulpturen in natürli-

cher Größe. *Ülikooli 18, Di–Fr 11–16.30, Sa 10–13.30 Uhr*

Staatliches Ethnographisches Museum/Estnisches Volksmuseum

Das 1940 gegründete Museum enthält eine der größten Sammlungen von Gegenständen der estnischen materiellen Kultur. *Veski 32, Mo–So 11–18 Uhr*

Stadtmuseum

Gezeigt wird zeigt die Geschichte der Stadt von den Anfängen bis in die Gegenwart. *Oru 2, Mi–So 11–18 Uhr, Mo 11–17 Uhr*

Sternwarte

Das neue Observatorium liegt außerhalb der Stadt. Die alte Sternwarte wurde 1971 als Museum eröffnet. *Toomemägi (Domberg), Mi–Do 12–18 Uhr*

RESTAURANTS

Kaseke

Tähe 19, Tel. 7 03 86

Kaunas

Narvă mnt. 2, Tel. 3 46 00

Tarvas

Riia 2, Tel. 3 22 53

Tempo

Küütri 6

HOTEL

Taru

Das Drei-Sterne-Hotel hat im Dezember 1989 seine Tore geöffnet. Es ist das beste Haus am Platz. Bietet Satelliten-TV und Konferenzräume. *Rebase 9, Tel. +7 (0 14 34) 7 37 00, Fax +7 (0 14 34) 7 40 95, Kategorie 2*

Drei Sterne und drei Brüder

Lettland ist das Kernland des Baltikums und Riga seine heimliche Hauptstadt

Das große lettische Staatswappen zeigt rechts den silbernen livländischen Greif und links den roten kurländischen Löwen. Der silberne Greif und der rote Löwe halten eine halbe aufgehende Sonne, und darüber stehen im Halbkreis drei Sterne. Auch die Freiheitsstatue im Herzen Rigas hält drei Sterne in den hocherhobenen Händen. Die Freiheitsfrau heißt Milda und schaut nach Westen. Die drei Sterne symbolisieren die drei lettischen Provinzen: Livland (Vidzeme), Kurland (Kurzeme) und Lettgalen (Latgale). Riga ist ein Viertes: Domstadt, Hafenstadt, Hansestadt, Weltstadt, Hauptstadt, Theater- und Konzertstadt, Prunk- und Prachtstadt unter grauem Belag. Einmal galt es als »Paris des Nordens« oder »Klein-Paris«, aber das ist lange her. »Das Beste an Riga war sein bunt gemischtes und ganz kosmopolitisches kulturelles Leben. Zeitun-

Der Dom zu Riga ist berühmt wegen seiner Orgel, die 1883/84, als sie gebaut wurde, die größte der Welt war

gen und Theater schrieben und spielten auf lettisch, deutsch, russisch und jiddisch, und es gab lebendige lutherische, römisch-katholische, russisch-orthodoxe und jüdische Kirchengemeinden«, schreibt der amerikanische Diplomat George F. Kennan, der Anfang 1929 an die amerikanische Gesandtschaft in Riga versetzt wurde, um dort seine Ausbildung zum Kremlexperten zu vervollständigen, in seinen Memoiren. Auf Kennan wirkte Riga wie eine Miniaturausgabe von Petersburg.

»Das alte Petersburg war natürlich tot, oder so gut wie tot, jedenfalls für Leute aus dem Westen unerreichbar. Aber Riga lebte noch. Es war einer von den Fällen, in denen die Kopie das Original überdauert.«

Heute ist Sankt Petersburg, das ehemalige Original, wieder erreichbar. Und es ist — wie Riga, die ehemalige Kopie — auch im Wiederaufbau begriffen. Und nun darf man gespannt sein, wie das neuerliche Rennen zwischen dem »Venedig des Nordens« und »Klein-Paris« ausgehen wird.

RIGA

Riga liegt an der Daugava (Düna), die 15 km weiter abwärts in die Rigaer Bucht mündet. Hauptstadt der Republik Lettland ist Riga seit 1918. Das Land hat eine ähnlich komplizierte Geschichte wie Estland. Aber Lettlands Geschichte ist wohl noch etwas komplizierter, weil in Lettland außer den Deutschen, den Schweden und den Russen auch noch die Polen eine wichtige Rolle gespielt haben.

Nur mit dem Namen Riga hat der Betrachter es etwas leichter, weil die Stadt immer so hieß, im Lettischen lediglich einen Dehnungsstrich über dem »i« trägt und in allen anderen Sprachen auch Riga oder Ryga heißt, außer im Finnischen und im Estnischen. Da heißt sie »Riika« und »Riia«. Der Name bedeutet soviel wie »rein«, »sauber«. Riga ist eine Gründung von Bischof Albert, der aus Bremen stammte und 1199 zum Bischof von Livland geweiht wurde. Die Stadt

MARCO-POLO-TIPS FÜR LETTLAND

1 Krišjānis-Barons-Museum
Eine Kopie des berühmten Dainas-Schrankes im Museum in Riga vermittelt einen Eindruck von der genialen Leistung des Krišjānis Barons (Seite 60)

2 Herder-Denkmal, Riga
Johann Gottfried Herder hat die lettischen Volkslieder in Europa »popularisiert« (Seite 57)

3 Richard-Wagner-Straße
Im Gebäude des ehemaligen Deutschen Theaters in Riga hat Richard Wagner von 1837 bis 1839 als Kapellmeister gearbeitet (Seite 59)

4 Alberta ielā in Riga (Albertstraße)
Die wunderbaren Jugendstil-Häuser in der Albert iela hat Michail Eisenstein, der Vater des berühmten sowjetischen Filmregisseurs, gebaut (Seite 55)

5 Freiheitsstatue in Riga
Das 1935 enthüllte Denkmal von Kārlis Zāle am Freiheitsboulevard trägt die Inschrift »Für Vaterland und Freiheit« und hat wie durch ein Wunder die Sowjetzeit überstanden (Seite 56)

6 Sigulda (Segewold)
Man sollte sich Zeit nehmen für die Livländische Schweiz und eine typisch lettische Kleinstadt (Seite 64)

7 Jūrmala
Das Naturwunder zwischen Rigaer Bucht und Lielupe war einmal ein berühmter Badeort und als »lettische Riviera« bekannt (Seite 64)

8 Rundāle (Ruhental)
Das von Rastrelli erbaute Schloß ist das schönste Barockgebäude in Lettland (Seite 64)

entstand 1201 anstelle eines älteren livisch-lettischen Fischerdorfes, das auch schon ein wichtiger Handelsplatz war. Die mit den Esten verwandten Liven sind die Namensgeber Livlands. Kurland heißt nach den Kuren und Lettgalen nach den Lettgaliern. Die Ritter richteten sich also mit Feuer und Schwert in Livland ein und »unterbrachen« die Geschichte der lettischen Stämme, wie sie weiter nördlich die Geschichte der estnischen Stämme »unterbrachen«.

Riga wurde 1282, zwei Jahre vor Reval, Mitglied der Hanse. Auch Riga war, wie Tallinn, über die Jahrhunderte eine deutsche Stadt in fremder Umgebung. Jenseits der Stadtmauern lebten die »Undeutschen«, die unterworfenen Völker, die eine andere Sprache sprachen und ihre Mythen und Märchen, Lieder und Bauernregeln von Generation zu Generation mündlich weitergaben.

Im 14. Jh. hatte Riga 5000 Einwohner, 18 Türme und 16 Tore und war trotz der zahlreichen militärischen Auseinandersetzungen mit dem Orden durch den Transithandel mit Rußland eine wohlhabende Stadt mit weltweiten Handelsbeziehungen geworden. 1521/22 soll Albrecht Dürer in der Stadt gewesen sein. Seine »Vornehme Livländerin« hängt im Louvre. 1547 kam Sebastian Münsters »Cosmographie« mit den ältesten Abbildungen Rigas heraus.

Die Macht des Livländischen Ordens wurde erst durch die Reformation und den Livländischen Krieg (1558–1583) gebrochen. Gegen die zur Ostsee drängenden Russen suchten die livländischen Städte Schutz bei auswärtigen Mächten, und so erschienen die Schweden, und auch wieder die Dänen sowie Polen-Litauen auf dem Plan. Reval und Nord-Livland unterwarfen sich den Schweden, Livland und Riga (1582) dem König von Polen, der auch Großfürst von Litauen war. 1582 ritt Stefan Bathory feierlich in Riga ein. Gottfried Kettler, der letzte Ordensmeister, wurde Herzog von Kurland und mußte dem König von Polen einen Lehnseid leisten. Ein polnisches Lehnsherzogtum mit Mitau (Jelgava) als Hauptstadt blieb Kurland bis 1775. Riga blieb aber nur vierzig Jahre polnisch. 1621 ritt Gustav II. Adolf von Schweden in der Stadt ein. Aber Schweden mußte seine baltischen Besitzungen immer wieder verteidigen, bis es sie im Nordischen Krieg endgültig an Rußland verlor. Im Frieden von Nystad (1721) trat Schweden Estland und Livland an Rußland ab. Da war Riga — wie Tallinn — schon elf Jahre russisch, und auch Riga bekam von Peter dem Großen alle seine Privilegien bestätigt. In der »russischen Zeit« entwickelte sich die Stadt zur zweitwichtigsten Handelsmetropole des Zarenreiches, 1802 zählte sie 28 822 Einwohner. Fast die Hälfte davon waren Deutsche. Ein Jahrhundert später hatte die Einwohnerzahl sich nahezu verzehnfacht, aber jeder Fünfte war nun schon Lette. Das nationale Erwachen, das zu Beginn des 19. Jhs. einsetzte, hatte seine Früchte getragen. Die Leibeigenschaft war 1817 in Kurland und 1819 in Livland aufgehoben worden, und seit 1849 konnten Letten auch Land erwerben. Die ersten lettischen Zeitungen erschienen, und 1873 richtete der Lettische Verein mitten in Riga das erste Gesamtlettische Sängerfest aus. Gegen Ende des 19. Jhs. konnten fast alle Letten lesen und schreiben. Sie waren nun schon ein Volk geworden, das in der Lage war, dem Russifizierungsdruck zu widerstehen und sich auch von seiner alten deutschen Oberschicht zu emanzipieren.

1914 hatte Riga bereits 520 000 Einwohner. Es war eine bedeutende Industriestadt geworden, baute Eisenbahnwaggons und Schiffe und unterhielt große Textilfabriken. Aber der Erste Weltkrieg, die Revolution in Rußland und die Entstehung der Republik Lettland setzten dem ökonomischen Aufschwung der Stadt ein Ende. Weil nun das russische Hinterland fehlte und die lettische Wirtschaft nach Westen umorientiert werden mußte, verlor Riga seine uralte Bedeutung als Handelsumschlagsplatz. 1939 hatte es nur noch 348 000 Einwohner. Ein Jahr später, mit der Besetzung des Landes durch die Rote Armee, wandelte sich »das heitere, anregende Gewirr der Sprachen und Religionen«, das den jungen George Kennan zu Beginn der dreißiger Jahre so fasziniert hatte, »über Nacht in die graue, dumpfe Schäbigkeit der Isolierung hinter den undurchdringlichen Wällen des stalinistischen Rußlands...« Während des Zweiten Weltkrieges wurde ein Drittel des historischen Stadtkerns durch Artilleriebeschuß zerstört. Gleich im Juni 1941 hat Altriga (»Vecrīga«) sein Herz, den Rathausplatz mit den ihn umgebenden Gebäuden, verloren, darunter auch das legendäre Schwarzhäupterhaus, das zuletzt der gesellschaftliche Mittelpunkt der Stadt war und ihr schönster Profanbau. Die Altstadt wurde, wie auch die von Tallinn, in den letzten 15 Jahren weitgehend restauriert.

Das Schwarzhäupterhaus trug aber an seinem Portal eine Inschrift: »Wenn ich eines Tages zerfallen sollte, baut mich wieder auf.« Es war ein Vermächtnis. Das Gebäude, dessen Reste 1948 gesprengt wurden, soll nun wieder aufgebaut werden.

Die neuen Herren hätten auch gerne die Freiheitsstatue abgerissen. Aber die berühmte sowjetische Bildhauerin Vera Muchina, die 1889 in Riga geboren wurde, setzte sich wegen ihres künstlerischen Wertes für sie ein. Und so blieb Milda stehen, um weiter nach Westen zu schauen. Sie bekam 1952 Gesellschaft. Weiter oberhalb des Freiheitsboulevards, der während des Krieges Adolf-Hitler-Straße hieß und nach dem Krieg zuerst Stalin-Prospekt und dann Lenin-Prospekt (bis 1989), wurde 1952 ein Lenin-Denkmal aufgestellt. Der »erste Bolschewik« aber schaute, bis er im August 1991 demoniert wurde, nach Osten. Viel zu lange hatte er Milda, der Freiheit, den Rücken zugekehrt.

Man muß sich also in Riga auch die Geschichte der Denkmäler und der Häuser erzählen lassen, die nicht mehr stehen, oder sich auch einmal die Gebäude ansehen (250 Adressen), in denen die Sowjetarmee und ihre Dienststellen fast 50 Jahre gewirtschaftet haben und noch wirtschaften. Dann versteht man am besten, was diese Stadt, was dieses Land mitgemacht haben.

Die Letten sind verbindlicher, geschmeidiger, weicher als ihre nördlichen Nachbarn, die etwas sturen Esten, und ihre südlichen Nachbarn, die widerspenstigen Litauer. Sie haben wahrscheinlich am meisten gelitten, durch ein Übermaß an Industrialisierung und Militarisierung und durch ein Unmaß an Zuwanderung und Überfremdung. Riga, die heutige Millionenstadt, ist — demographisch gesehen — eine überfüllte russische Stadt mit einer lettischen Minderheit — und enormen ökologischen Problemen. Die Sowjetmacht und die Zugereisten sind nicht pfleglich mit der Stadt umgegangen. Riga hat deshalb einen größeren (Nachhol-) Bedarf an Identität als Tallinn oder Vilnius. Doch die Zeichen einstiger Kultiviertheit, die so lange verschüttet waren, kommen langsam wieder zum Vorschein. Mit der Rückkehr der Diplomaten und der internationalen Geschäftswelt bekommt die Stadt wieder Flair. Man möchte hoffen, daß das »graue Riga« seinen 800. Geburtstag im Jahre 2001 sauberer und wohnlicher, womöglich wieder als »Klein-Paris« begeht. (C 4/C 7)

BESICHTIGUNGEN

Albertstraße
★ Das ist die berühmteste Jugendstil-Straße Rigas. Entworfen hat sie der Architekt Michail Eisenstein, der Vater des bekannten sowjetischen Filmregisseurs Sergej Eisenstein. In dieser Straße ist jedes Haus ein Schmuckstück, wenn auch ein stark renovierungsbedürftiges. In Riga gibt

es etwa 750 Gebäude im Jugendstil in allen seinen Ausformungen, mehr als in jeder anderen europäischen Stadt. *Alberta ielā*

Dom zu St. Marien
Bischof Albert hat 1211 mit dem Bau begonnen. 1226 wurde die erste Messe gelesen. Im 14. Jh. wurde die Domkirche zur gotischen Basilika umgebaut. Es dauerte jedoch noch bis zum 18. Jh., bis der Dom sein jetziges Aussehen bekam. Auf dem 132 m hohen Turm sitzt der älteste Hahn von Riga. Er wurde 1985 zum zweiten Mal in seinem Leben im Alter von 390 Jahren abgenommen, um renoviert zu werden. Der Dom ist weltbekannt wegen seiner Orgel. Die 1883/84 von der Firma Walker, Ludwigsburg, gebaute Orgel mit 6768 Pfeifen und 127 Registern war damals die größte der Welt. In der So wjetzeit war das alte Gotteshaus Konzertsaal und Filiale des Rigaer Stadtmuseums. Seit Oktober 1988 dient der Dom wieder seinem ursprünglichen Zweck, ist aber immer noch Konzertsaal. Dreimal wöchentlich finden Orgelkonzerte statt. *Doma laukums*

Drei Brüder
Dieses hübsche Trio in Domnähe sollte man sich unbedingt anschauen. Die »drei Brüder« *(Trīs brāļi)* sind drei Wohnhäuser aus dem 14. und 15. Jh., die einen schönen Eindruck davon vermitteln, wie die Menschen in einem typischen Handels- und Gewerbeviertel Altrigas lebten. Das älteste Haus, es ist das linke, hat noch seine gotischen Nischen erhalten. Die Fassaden der beiden anderen sind im 17. Jh. im Barockstil umgebaut worden. Im

Keller und unter dem Dach wurden Waren gestapelt, als Wohnräume dienten die Stuben im Hofanbau. Das Haus *Mazā Pils 17* ist das älteste Wohnhaus in Riga. *Mazā Pils 17–21*

Eckens Konvent

Aus der früheren Herberge machte Bürgermeister Nikolaus Ecke Ende des 16. Jhs. ein Heim für jeweils dreizehn bedürftige Witwen der Kleinen Gilde. Das Epitaph an der Hauswand erinnert an den Stifter: »Ziel meines Lebens ist Christus.« *Skārņu 22*

Esplanāde

Hier fand 1873 das erste Gesamtlettische Sängerfest statt. Am Rande des Parks liegen drei Gebäude von Interesse: die *Kunstakademie*, die 1902–1905 als Börsenkommerzschule gebaut wurde, das *Kunstmuseum* und die russisch-orthodoxe *Christi-Geburts-Kathedrale* (1876–84), die in der Sowjetzeit Planetarium war. *Brīvības bulv./Elizabetes ielā*

Fragment der Stadtmauer

Dieses Stück Stadtmauer stammt aus dem 13. Jh. Es wurde von polnischen Restauratoren rekonstruiert und restauriert. Die Mauer ist 10 m hoch und hat an ihrer Innenseite Torbögen, die in Kriegszeiten mit Sandsäcken ausgelegt wurden, in Friedenszeiten Händlern und Handwerkern als »Buden« dienten. 1987 wurde der Rahmersturm in der Mauer restauriert. *Die Mauer liegt zwischen Torņa und Trokšņu*

Freiheitsstatue

★ Die Freiheitsstatue (Entwurf: Kārlis Zale) ist das höchste Denkmal in Europa. Seit ihrer

Skulptur an der Rigaer Börse. Die Fassaden, Giebel und Dächer in Altriga sind besonders reich geschmückt

Enthüllung 1935 hat sie die Sehnsucht der Letten nach Freiheit verkörpert. In der Sowjetzeit durften deshalb zu Mildas Füßen keine Blumen niedergelegt werden. 1980 wurden die drei Sterne und Mildas Gürtel mehr oder weniger heimlich vergoldet. Aber noch 1982 gab es Pläne, Marx, Engels und Lenin in die Reliefs am Sockel einzuarbeiten. 1987 fanden an der Freiheitsstatue zum ersten Mal Demonstrationen statt. Heute sorgt eine alte Frau dafür, daß die vielen Blumen, die Milda gebracht werden, immer schön arrangiert sind. *Brīvības bulv.*

Große und Kleine Gilde

Die Große Gilde, eine Interessenvertretung der Kaufleute, wurde 1330 erstmalig erwähnt. Am Eingang des Gebäudes findet sich der in Stein gehauene Leitspruch »Verjagt den Eigennutz und seinen Sohn, den Neid. Verbannt Üppigkeit und Pracht aus euren Mauern.« Heute ist die Große Gilde Sitz der Lettischen Philharmonie und einer Kunstgalerie.

Auch die Kleine Gilde, eine Interessenvertretung der Handwerker, wurde 1330 erstmalig erwähnt. Sie hat eine führende Rolle in der Kommunalwirtschaft Rigas gespielt, die erst 1887 von der Stadtverwaltung übernommen wurde. Die Handwerker folgten dem Spruch: »Ein braves Weib, ein eigner Herd ist Gold und Perlen wert.« Nach dem Zweiten Weltkrieg diente das Haus der Kleinen Gilde, als »Kulturhaus« der Gewerkschaften. *Amatu 6 und 5*

Herder-Denkmal

★ »Johans Gotfrīds Herders« 1744–1803 steht lettisch auf dem Sockel des Denkmals neben dem Eingangsportal des Doms. Fünf Jahre, angeblich die schönsten seines Lebens, hat der junge Herder von 1764 bis 1769 in Riga verbracht und dort als Lehrer an der Domschule und als Hilfsprediger an zwei Vorstadtkirchen gewirkt. Die Letten verdanken Herder viel. Er hat als erster europäischer Aufklärer auf die Bedeutung der Folklore hingewiesen und in seine »Stimmen der Völker in Liedern« erstmalig auch elf lettische Volkslieder in deutscher Übersetzung aufgenommen. *Herdera laukums*

Jakobi-Kirche

Die Jakobi-Kirche nimmt unter den Kirchen Rigas einen besonderen Platz ein, weil sie häufiger als alle anderen die Konfession gewechselt hat. Sie wurde im 13. Jh. außerhalb der damaligen Ringmauern für die lettische Bevölkerung gebaut, wurde während der Reformation protestantisch, unter den Polen Ende des 16. Jhs. als Jesuitenkirche wieder katholisch, um 1621 erneut protestantisch zu werden. Seit 1922 ist sie wieder katholisch und heute die größte katholische Kirche in Riga. Der Legende zufolge hatte sie einst auch eine Außenglocke, die immer läutete, wenn unten eine untreue Ehefrau vorbei ging. Als sie eines Tages überhaupt nicht mehr aufhörte zu läuten, stiegen die Rigenserinnen auf den Turm, nahmen die Glocke ab und warfen sie in die Düna. Dort soll sie noch heute liegen. Von untreuen Ehemännern erzählt die Legende nichts! *Vestures 2*

Johanniskirche

Die 1297 erstmals erwähnte, aber wahrscheinlich viel ältere Kirche ist die erweiterte und umgebaute Hauskapelle des ersten Bischofhofes und spätere Klosterkirche. Sie hat einen für Riga ungewöhnlichen gotischen Stufengiebel. Vom anliegenden Dominikanerkloster ist nur das Tor mit seinem »Eselsbrücke« genannten gotischen Bogen erhalten. *Skārņu 24*

Mežapark (Waldpark)

 Der Waldpark hieß früher »Kaiserwald«. Dort lag Rigas vornehmstes Viertel, ein altes Villenviertel. Im Mežapark, in sowjetischer Zeit »Kultur- und Erholungspark« genannt, finden heute die großen lettischen Sängerfeste statt. Hier gibt es auch eine Liliputbahn, ein Freilichttheater, eine Tanzdiele und einen Übungsplatz für Motorrad-Geländefahrten. Nebenan liegt der Zoologische Garten. Tägliche Dampferverbindung von der Oktoberbrücke. *Im Norden Rigas*

Petrikirche

🔻🔺 Die größte Kirche Rigas, ein Musterbeispiel gotischer Baukunst in der Stadt, wurde 1209 — zwei Jahre vor dem Dom — erstmalig schriftlich erwähnt. Den Bau haben die Stadtbürger aus eigenen Mitteln finanziert. Er sollte besonders schön werden und erhielt vielleicht deshalb 1352 die erste Stadtuhr. 1353 wurde ein Wächter eingestellt, der vor anrückenden Feinden und vor Bränden warnen, aber auch in die Schornsteine schauen sollte, um zu prüfen, ob die Herdfeuer gelöscht waren. Der erste Turm aus dem 14. Jh. war 137 m hoch. Er stürzte 1666 ein. Den zweiten Turm traf 1721 der Blitz. Zar Peter der Große, der gerade in der Stadt weilte, half persönlich beim Löschen des Brandes und befahl den dortigen Wiederaufbau des Turms. Der dritte Turm wurde 1746 fertig. Er brannte am 29. Juni 1941 ab. Nach dem Krieg erhielt die Petrikirche als vierten Turm einen kupfergedeckten Stahlbau mit drei Plattformen. Von diesem Turm ertönt alle drei Stunden das Lied »Riga klingt«. Vor der Kirche stehen die »Bremer Stadtmusikanten«, ein Geschenk aus der Partnerstadt an der Weser. *Skārņu 19,*

Aussichtsplattform tgl. außer Mo geöffnet, im Sommmer 9—20 Uhr, im Winter 10—17 Uhr

Pulverturm

Der Pulverturm, zuvor Sandturm, und 1330 erstmalig erwähnt, ist als einziger von 26 Rigaer Wehrtürmen erhalten geblieben. In der Sowjetzeit beherbergte dieser wuchtige Turm das übliche Revolutionsmuseum, jetzt wieder das Lettische Kriegsmuseum. *Smilšu 20*

»Ritterhaus«

Das Gebäude wurde von 1863 bis 1867 für die liv- und kurländischen Ritterschaften im Stil eines florentinischen Palazzos gebaut und diente in der Zwischenkriegszeit bis 1934, als Staatspräsident Kārlis Ulmanis das Parlament auflöste und die Tätigkeit der Parteien sistierte, als Parlamentssitz. Nach 1945 tagte hier der Oberste Sowjet der Lettischen SSR, der Lettland am 4. Mai 1990 wieder zur Republik erklärte. Dieses Gebäude wird auch Sitz der »Saeima« sein, des neuen lettischen Parlaments, das dem Obersten Rat nach Neuwahlen folgen soll. Die Mauer in der *Jēkaba iela*, die in den Januartagen 1991 errichtet wurde, als die Gefahr bestand, daß sowjetische Truppen den Obersten Rat besetzen, ist schließlich doch wieder abgerissen worden. *Jēkaba 11*

Schloß

Durch die *Pils iela (Schloßstraße)* gelangt man vom Dom aus zum Rigaer Schloß, der zweiten bzw. dritten Ordensburg. Die zweite Burg wurde von 1330 bis 1353 errichtet, nachdem die erste an der Skārņustraße während einer der zahlreichen kriegerischen Auseinandersetzungen zwischen dem Orden, dem Bischof und der Stadt zerstört worden war. 1484 belagerten die Rigenser Bürger auch die zweite Burg, worauf der Orden – nach seiner erneuten Rückkehr 1490 – im Jahre 1515 mit dem Bau des dritten Schlosses begann. Das Schloß ist seither mit mehreren Anbauten versehen worden. Es diente in der »russischen Zeit« als Gouverneurssitz. In der »lettischen Zeit« war es Amtssitz des Staatspräsidenten, in der Sowjetzeit diente das Schloß als Pionierpalast und als Unterkunft für drei Museen. Die Schüler sind noch da, die drei Museen sind auch noch da, aber es könnte durchaus sein, daß das Schloß mit seinem Skulpturengarten in absehbarer Zeit wieder Amtssitz eines lettischen Staatspräsidenten wird. *Pils laukuma 3*

Schwedentor

Das Schwedentor war ursprünglich kein Stadttor. Es wurde erst 1698 durchgeschlagen, als die Stadtmauer ihre Verteidigungsfunktion schon verloren hatte. Dieses Tor ist als einziges von 15 Toren erhalten geblieben. In dem Haus *Torņa iela 11* hat der Lettische Architektenverband seinen Sitz. Nebenan liegt das ehemalige Scharfrichterhaus. *Torņa 11*

Speicherviertel

Dieses Viertel ist relativ unentdeckt, birgt aber noch viele liebe und sehenswerte Kleinigkeiten. Noch zu Beginn des 19. Jhs. hatte Riga 160 Speicher, die hauptsächlich im 16. und 17. Jh. während der Blütezeit des Rigaer Ge-

Das Schwedentor in der Altstadt von Riga ist als einziges von fünfzehn Stadttoren erhalten geblieben

treide- Hanf- und Leinenhandels gebaut wurden. Aber nur 26 Speicher sind erhalten, die meisten davon im Süden der Altstadt.

Richard-Wagner-Straße (Riharda Vāgnera ielā)

★ Hier befand sich das 1781 gegründete Deutsche Stadttheater, an dem Richard Wagner von 1837 bis 1839 als Kapellmeister gewirkt hat. »Rienzi«, seine erste Oper, ist in Riga entstanden. Angeblich ist der Maestro dann vor seinen Gläubigern geflüchtet, auf dem Seeweg über die Ostsee, und dabei sollen ihm die Motive für den »Fliegenden Holländer« eingefallen sein. Das Deutsche Theater wurde 1863 in ein neues Haus am Theaterboulevard (heute: *Aspazijas bulv. 3*) verlegt, der heutigen Lettischen Nationaloper. 1987 wurde der restaurierte Kammermusiksaal der

Lettischen Philharmonie nach Wagner benannt. Gegenüber dem Wagnersaal findet sich ein Museum für das Apothekenwesen. *Riharda Vāgnera ielā*

Krišjānis-Barons-Museum

★ Der »Vater der Dainas« starb am 7. März 1923 im Alter von 87 Jahren in seiner Wohnung in Riga. Sein Sterbezimmer ist so erhalten geblieben, wie es 1923 aussah. Dort steht eine Kopie des berühmten Dainas-Schranks mit Musterbeispielen von Barons' Sammlertätigkeit. Das Original des Schranks wird in einem Safe der Akademie der Wissenschaften verwahrt. *Krišjānis Barona 3, Wohnung 5, Di, Do, Sa, So 11 bis17 Uhr; Mi, Fr 13—17 Uhr*

Lettisches Ethnographisches Freilichtmuseum

✿ ☂ Was die steinernen Zeugen Rigas für die deutsche Vergangenheit der Stadt aussagen, sagen die hölzernen Zeugen des Freilichtmuseums für die Geschichte der Letten aus. Auf 100 ha stehen 90 Bauten aus den großen ethnographischen Provinzen des Landes, darunter zwei Kirchen aus dem 16. Jh. Sie dokumentieren lettisches bäuerliches Leben aus drei Jahrhunderten. Auch dieses Freilichtmuseum »lebt«. Im Sommer finden hier Volksfeste, Jahrmärkte und Ausstellungen statt. Es ist immer etwas los. Seit dem Frühjahr 1981 spielt *samstags im Sommer* das *Skandinieki-Ensemble* auf. In der evangelisch-lutherischen *Kirche* aus Usma finden Orgelkonzerte statt. Besonders beliebt ist der große *Jahrmarkt*, der an jedem er-

sten Juni-Wochenende ausgerichtet wird. *Das leicht zu erreichende Freilichtmuseum liegt östlich von Riga am Jugla-See und ist die Endstation der Straßenbahn Nr. 6 und des Linienbusses Nr. 1. Brīvības ielā 440*

Museum für angewandte Kunst

Dieses Museum ist in der ehemaligen Georgskirche untergebracht und hat deshalb eine ganz besondere Atmosphäre. *Skārņu 10/20, Di—So 10—18 Uhr*

Museum für Stadtgeschichte

Das Museum für Geschichte und Schiffahrtswesen der Stadt Riga wurde 1936 auf der Grundlage der von der deutschen Gesellschaft für Geschichte und Altertumskunde verwalteten Bestände des Dommuseums gegründet. Seither wurde systematisch nach vordeutschen Zeugnissen der Stadtgeschichte gegraben, und die Archäologen konnten nachweisen, daß die älteste Besiedlung Rigas auf das 11. Jh. zurückgeht. *Palasta 4, Fr—So 11 bis 17 Uhr, Mi—Do 13—17 Uhr*

Rigaer Motormuseum

Dieses moderne Museum ist ein Kind des Rigaer Oldtimer-Clubs (AAK,) Tel. 55 33 26. Baubeginn war 1988. Das Museum enthält mehrere einmalige Exponate, darunter einen Lincoln aus dem Jahre 1934, der Maxim Gorki gehört hat, den kugelsicheren SIS-115 Joseph Stalins, einen SIL-111, in dem Nikita Chruschtschow sich fahren ließ, und den Unfall-Rolls Royce von Leonid Breschnew. Das Museum zeigt auch, daß in Riga schon seit der Jahrhundertwende Autos gebaut wurden. *Eizenšteina 6, Di—So 10—18 Uhr*

Schloßmuseen

Im Schloß sind drei wertvolle Museen untergebracht:
Museum für lettische Geschichte, Mi—Fr 13—19 Uhr; Do, Sa, So 11 bis 17 Uhr
Museum für ausländische Kunst, Di—So 11—17 Uhr
Jānis-Rainis-Literaturmuseum, Mo, Di, Do—Sa 11—17 Uhr; Mi 13—19 Uhr. Pils laukuma 3

Staatliches Kunstmuseum

Das 1905 eröffnete Museum gibt einen Überblick über die Entwicklung der lettischen Malerei, Bildhauerei und Graphik von der Jahrhundertwende bis in die Gegenwart. Das Museum besitzt auch Werke von Nikolaj Rörich, Ilja Repin und Isaak Lewitan. Sonderausstellungen. *K. Valdemāra 10 a, Mo, Mi—Fr 12—18 Uhr; Sa—So 11—18 Uhr*

RESTAURANTS/CAFÉS

Baltā roze

Die »Weiße Rose« war das erste private Café in Riga. Es liegt sehr hübsch an der Stadtmauer. *Kaļķu 9, Tel. 22 44 24*

Jāna

Neues privates Restaurant und Café, das sich große Mühe gibt. *Šķūņu 16, Tel. 22 62 58*

Jever Bistro

Deutsch-lettisches Gemeinschaftsunternehmen unter deutscher Leitung mit guter norddeutscher und internationaler Küche und netter Bedienung. In diesen Restaurant treffen sich vorwiegend Ausländer, da nur in Devisen bezahlt werden kann. *11—3 Uhr, Kaļķu 6, Tel. 22 70 78, Kategorie 1*

Pie Kristapa (»Beim Christoph«)

Bierkeller gegenüber vom *Pūt vējiņi, Jauniela 25/27, Tel. 22 75 90,*

Lido

Das Restaurant wird auch von Ausländern gerne besucht. Im »Salon Lido« werden hübsche Souvenirs angeboten. *Lāčplēša 53, Tel. 28 79 27*

Limuzīns

Devisen-Restaurant im Motormuseum. *Eizenšteina 6, Tel. 53 73 82*

Otto

Das Restaurant im neuen »Hotel de Rome« bietet gute lettisch-deutsch-russische Küche und das nötige Ambiente. Nimmt nur Devisen. *Kaļķu 28, Tel. 21 65 72, Kategorie 1*

Pinguin

Hier kann man Schweizer Eis schlecken. *Brīvības ielā 76*

Polonēz

Polnisches Spezialitätenrestaurant. *R. Vāgnera 3, Tel. 22 27 59*

Pūt vējiņi (»Wehe, Windchen«)

Das Lokal in Domnähe wird immer empfohlen. Lettische Spezialitäten. *Jauniela 20, Tel. 22 88 41*

Rīdzene

Gemütliches Restaurant mit separaten »Kojen« bei der Petrikirche. Lettische Speisen. *Skārņu 9, Tel. 22 34 18*

Rīga

Großes Restaurant, wo sowjetisches Service-Verhalten noch sehr lebendig ist. Wartesaal. *Aspazijas bulv. 2, Tel. 21 69 12*

Schloß Rundāle ist das schönste Barockgebäude in Lettland

Senā Rīga
Kellerrestaurant unter dem Hotel »Rīga«, serviert lettische Spezialitäten. Guter Service. *Aspazijas bulv. 2, Tel. 21 68 69*

Vējaroze (»Windrose«)
Restaurant im 368 m hohen Fernsehturm auf der Haseninsel. *Zaķusalas Krastmalā 3, Tel. 20 09 44/20 09 26*

EINKAUFEN

Buch-Antiquariat
Tērbatas 5

Dailrade
Kunstgewerbe, *Vaļņu 21*

Filatēlija
Briefmarken, *Dzirnavu 45—47*

Flohmarkt
Sa—So auf dem Zentralmarkt, Negu 7

Scheune
Kunstgewerbe, *Vaļņu 25*

Sonāte
Schallplatten, *Elizabetes 77*

Galerien/Ausstellungssäle
Ars longa, R. Vāgnera 4
Johannishof, Jāna sēta 7

Kīpšala, Balasta dambis 34 (Keramik)
Kleine Gilde, Amatu 5
Kolonna, Šķūņu 12 (Devisen)
Künstler-Club, Mārstaļu 6
Reutern-Haus, Mārstaļu 2
Rigaer Moden, Brīvības 49/53
Salons A, Kaļķu 24 (Mode)
Stalla, Pils laukums 3 (Skulpturen)

HOTELS

Eurolink
Das schwedisch-lettische Gemeinschaftsunternehmen im 3. Stock des »Riga« ist eine Oase im Hotelwesen der lettischen Hauptstadt. Sauna, Konferenzsaal, Café, Grill-Restaurant, skandinavisches Ambiente. Stolze Preise. *Aspazijas bulv. 2, Tel. +7 (01 32) 21 63 17 oder +46 10 68 28 32, Fax +46 10 61 70 41, Kategorie 1*

Hotel de Rome
Das deutsch-lettische Gemeinschaftsunternehmen knüpft an die großen Traditionen des Vorkriegs-»Rome« an und ist auch eine Oase des Wohllebens. Minibars und Direkttelefone in den Zimmern, Restaurant »Otto«, Café, Konferenzsäle. *Kaļķu 28, Empfang: Tel. 21 62 68, Buchung: +7 (01 32) 33 19 95 und 33 28 46*

oder Funktel. +49 34 81 10, Fax +49 34 81 75, Kategorie 1

Karavela

Seemannshotel, passabel. *Katrīnas dambis 25, Tel. 32 99 03*

Latvia

❧ Das ehemalige Intourist-Hotel überragt die anderen Hotels nur an Höhe. Der Service ist langsam und manchmal aggressiv. Eine Ausnahme macht der 14. Stock, den eine dänische Firma hergerichtet hat. Das Hotel kann man nur empfehlen, weil man von der Westseite einen schönen Blick auf die Altstadt hat. Das gilt auch für das Restaurant im 26. Stock. *Elizabetes 55, Tel. 21 25 05, Kategorie 2*

Metropole

Das schwedisch-lettische Gemeinschaftsunternehmen hat das alte »Metropole« abgelöst und macht dem »Eurolink« Konkurrenz. *Aspazijas bulv. 36/38, Tel. 21 61 84, Kategorie 1*

Ridzene

Das beste lettische Hotel ist noch von (wohnungssuchenden) Diplomaten besetzt. *Endrupa 1, Tel. +7 (01 32) 32 44 33, Fax +7 (01 32) 32 44 57, Kategorie 2*

Riga

Das Hotel ist keine Empfehlung für die Stadt, nach der es heißt. Es ist zentral gelegen, aber viel zu teuer für das, was es bietet. Satelliten-TV muß extra bezahlt werden. Casino. *Aspazijas bulv. 2, Tel. 21 60 00, Kategorie 3*

Saulita

Eine Art Bahnhofshotel, das entsprechend aussieht. »Kapitalisten« zahlen 20 $ pro Nacht. *Merkele 12, Tel. 22 45 46, Kategorie 3*

Turists

Das am Stadtrand gelegene Haus ist das billigste Devisen-Hotel in Riga. *Slokas 1, Tel. 61 54 55, Kategorie 3*

Viktoria

Das Hotel entspricht auch nicht seinem Namen, aber man kann dort für einen angemessenen Dollarpreis wohnen. *Čaka 55, Tel. 27 23 05, Kategorie 3*

AM ABEND

Daile Theater

Brīvības ielā 75 Tel. 27 02 78

Dom-Konzerte

Auf keinen Fall sollte man sich eines der Konzerte im Dom entgehen lassen. 3x wöchentlich, *Dom laukums, Tel. 21 34 98*

Lettische Nationaloper

Das Opernprogramm ist beachtlich. *Aspazijas bulv. 3*

National Theater

Kronvalda bulv. 2, Tel. 32 29 19

Wagnersaal

Im Kammermusiksaal der Philharmonie hören Sie Klassisches, aber auch Kompositionen zeitgenössischer Letten. *Riharda-Vāgnera 4, Tel. 21 08 17*

Aktuelle Veranstaltungstips erhalten Sie am besten in den Hotels.

Casinos Latvia / Bar »Casino Riga«

Die einzige »Spielhölle« im ganzen Baltikum (Black Jack, American Rulet, Slot Machines).

Abendkleidung! *Kaļķu 24, Tel.*
22 86 33

Diskotheken

Kultūras nams »Draudzība«
Sa ab 19.30 Uhr. Für Leute über
30. *Tilta 32*
Mazajā Gildē (Kleine Gilde)
So ab 14 Uhr: Teenager-Disko, *ab*
19.30 Uhr: traditionelle Tanz-
abende

ZIELE IN DER UMGEBUNG

Jūrmala (»Strand«)

★ Der schöne, alte Kur- und Badeort auf der schmalen Landzun-
ge zwischen Lielupe und Rigaer
Bucht wurde in der Sowjetzeit
zu einem »Allunionssanatori-
um« ausgebaut, in dem alle großen sowjetischen Verbände, Or-
ganisationen und Ministerien Er-
holungsheime unterhielten. Der
Massentourismus hat Jūrmala
schwere Schäden zugefügt, weil
die kommunale Infrastruktur
dem Andrang nicht gewachsen
war. Das Wasser ist flach und
warm, der Strand weiß und weit,
aber das Baden wird nicht empfohlen, weil die Lielupe an dieser
Stelle zuviel giftige Abwässer in
die Rigaer Bucht trägt – das Baden im Osten der Bucht ist weniger gefährlich. *Man kann mit dem*
Pkw, mit dem Zug und mit einem
Tragflügelboot von der Oktoberbrük-
ke in Riga aus nach Jūrmala gelangen.
(C 4/C 7)

Rundāle (Ruhental)

★ ⚜ Mit dem Bau dieses hübschen Barockschlosses in der Nähe von *Bauska*, rund 15 km von
der Marco-Polo-Route nach Litauen, wurde 1736/37 begonnen. Architekt war der berühmte
Francesco Bartholomeo Rastrelli, der den Winterpalast in Sankt
Petersburg gebaut hat. Bauherr
war Ernst Johann Biron, Herzog
von Kurland, ein notorischer Ge-
nießer und Favorit der Zarin Anna I. (1730–40). Das Schloß, in
dem 1972 umfangreiche Restau-
rierungsarbeiten begonnen haben, ist als *Museum* eingerichtet
und zeigt wechselnde Ausstellungen lettischer und europäischer Kunst. Hier finden auch
Konzerte statt. *Pilsrundāle, Mi–So*
10–18 Uhr im Sommer, 10–17 Uhr
von Okt.–April. Tel. Bauska,
6 21 97, 6 22 14 (C 5/C 8)

Salaspils (Kurtenhof)

Im KZ Salaspils, 18 km südöstlich von Riga, wurden während
der deutschen Besetzung Lettlands (1941–44) über 90 000
Menschen ermordet. Eine Inschrift über dem Eingang zur
Gedenkstätte lautet: »Hinter
diesem Tor stöhnt die Erde.«
Viele eindrucksvolle Skulpturen
erinnern an das Martyrium der
Opfer. (C 4/C 7)

Sigulda (Segewold)

★ ☺ ⚜ Die Fahrt nach Sigulda
führt in die »Livländische
Schweiz«, und für diesen Ausflug
sollte man sich Zeit nehmen. Sigulda ist eine typische lettische
Kleinstadt. Sie liegt 53 km nordöstlich von Riga an der Gauja
und am Rande des Gauja-Natio-
nalparks, dessen Verwaltung sich
in der Stadt befindet.

In Sigulda kann man sich die
Ruinen des Ordensschlosses aus
dem 13. Jh. ansehen und einen
phantastischen Blick auf das
Gauja-Tal genießen. Man kann
mit der Drahtseilbahn auch an
das andere Gauja-Hochufer
schweben und einen Blick auf

die Ruinen des Bischofschlosses *Krimulda* werfen.

Die dritte Burg in dieser malerischen Gegend ist die *Burg von Turaida (Treyden)*, die auch dem Bischof gehörte und bis 1776 bewohnt war. Auf dem Weg nach *Turaida* liegt linker Hand die *Gutmann-Höhle*, die größte Höhle Lettlands. Angeblich hat ein »guter Mann« mit Wasser aus der Höhle Krankheiten geheilt, daher »Gutmann-Höhle«. Hochzeitspaare kommen gerne hierher, um von dem Wasser zu trinken, damit die Liebe erhalten bleibt. Um Liebe geht es auch in der Legende von Maia, der »Rose von Turaida«, die lieber sterben wollte als ihren Geliebten aufgeben. Das Grab der legendären »Rose von Turaida« bei der Kirche aus dem 18. Jh. ist auch ein Wallfahrtsort für Verliebte. Im Schloß befindet sich ein Heimatkunde-Museum. Vom Hauptturm der teilrestaurierten Schloßruine aus hat man ebenfalls einen herrlichen Blick auf die Umgebung. Neben dem Schloß liegt der Dainas-Berg (»Dainu kalns«) mit fünfzehn symbolreichen Skulpturen von Indulis Ranka. Der Dainas-Berg wurde 1985 zum 150. Geburtstag von Krišjānis Barons eingerichtet. Im Sommer singen und tanzen hier Folklore-Gruppen aus ganz Lettland. Auf der Rückfahrt nach Riga bietet sich ein Essen im *Sēnīte* (»Pilzchen«) in *Inčunkalns* an. Das Bier aus eigener Herstellung wird allgemein empfohlen, und die Pilzgerichte nach Art des Hauses sollen köstlich sein. (D 4/D 7)

Gauja-Nationalpark in Lettland

Von Kreuzen und Barrikaden

Litauen lebt vor allem aus seiner Geschichte und aus seinem Glauben

Litauen, das »Land der Kreuze«, ist der größte Staat des Baltikums, ein Land der Mythen und der Märtyrer, der Helden und der Heiligen. Sehr viel stärker als Estland und Lettland lebt Litauen aus seiner Geschichte. Schließlich war das Großfürstentum Litauen einmal eine osteuropäische Großmacht zwischen Ostsee und Schwarzem Meer, mit der alle Nachbarn rechnen mußten. Das ist nicht vergessen. Davon zehrt das Land und tauft seine Söhne bis heute unermüdlich auf die Namen jener mittelalterlichen Fürsten, die Litauen zu Ruhm und Größe führten: Mindaugas, Vytautas, Kęstutis und Algirdas. Die Litauer sind die Italiener des Baltikums. Sie machen alles radikaler und konsequenter als ihre nördlichen Nachbarn, die Esten und die Letten, von denen sie wenig wissen. Wohl nicht zu Unrecht hat ein kluger amerikanischer Beobachter von den drei baltischen Völkern einmal gesagt, die Esten seien die besten Ökonomen, die Letten die besten Politiker, die Litauer aber — die besten Propheten. Ihren letzten Unabhängigkeitskampf haben namentlich die Litauer geführt wie einen Kreuzzug gegen den Bolschewismus. Das prägt.

Litauen liegt mitten in Europa. Seit französische Wissenschaftler 1989 den alten Kontinent neu vermessen haben, wissen wir das ganz genau: Der Mittelpunkt Europas liegt 25 km nördlich von Vilnius im Dorfe *Bernotai* an der *Straße nach Utėna*, im Schnittpunkt der Koordinaten (*n. Br. 54h* 54°, ö. L. 25h19°). Die Stelle ist markiert, als ★ *Europos Centras* und könnte sich durchaus zur Touristenattraktion entwickeln. Wer möchte schließlich nicht von sich behaupten, er habe den Mittelpunkt Europas gesehen?

Genau in der Mitte der Alten Welt also liegt dieses Land, das in Europa so lange vergessen war.

Das änderte sich erst um die Wende zu den achtziger Jahren, als zwei prominente Polen Europa wieder an Litauen erinnerten.

Die Stanislaus-Kathedrale in Vilnius war in der Sowjetzeit Gemäldegalerie und Konzertsaal

Der eine war Papst Johannes Paul II., der nach seiner Wahl zum römischen Papst erklärte, die »Kirche des Schweigens« in Osteuropa werde nun nicht mehr schweigen, da sie durch ihn, den Papst, zu sprechen begonnen habe. Der andere war Czesław Miłosz, der Literaturnobelpreisträger von 1980, dessen Romane »Das Tal der Issa« und »Das Land Ulro« in seiner litauischen Heimat spielen.

VILNIUS

Im Unterschied zu Tallinn und Riga wirkt Vilnius seltsam unentdeckt. Die internationale Geschäftswelt hält hier merklich langsamer Einzug als in den beiden nördlicher gelegenen Hauptstädten von Estland und Lettland.

Die Stadt liegt an beiden Ufern der schnellen Neris und der Vilnia, die Namensgeberin der Stadt war. »Vilnius« heißt soviel wie »Welle«. Die umliegenden Höhen bilden ein natürliches Amphitheater, das der Stadt als Kulisse dient. Aus welcher Himmelsrichtung man auch kommt, meistens entdeckt man das barocke Panorama der Altstadt von einer Anhöhe aus.

In seiner erweiterten Autobiographie »West und Östliches Gelände« schreibt Miłosz, der 1911 als Untertan des Zaren an einem Nebenfluß des Nemunas (Memel) geboren wurde und später an der Universität Vilnius Jura studierte, über die Stadt seiner Jugend: »Ausländer reisten selten zu diesen fernen Grenzen des Westens. Einer der wenigen war K. G. Chesterton, feierlich von unserer Stadt empfangen. Augenscheinlich hat ihn dieses

Wunder kontinentaler Exotik begeistert, und der immerwährend in der Luft hängende Glockenton von ein paar hundert Kirchen war ihm als Katholiken vertraut. Enge Straßen, mit Katzenköpfen gepflastert, Rausch des Barock; beinahe wie eine Jesuitenstadt irgendwo im Herzen Lateinamerikas. Der Vergleich ist nicht unbegründet, denn die Jesuiten hatten in diesem Teil Europas eines ihrer mächtigsten Zentren. Gibt es wohl viele Städte, deren Name so umstritten ist? Die Polen und die Russen sagen: Wilno; die Litauer: Vilnius; Deutsche und Weißrussen: Wilna.«

Doch ein Name fehlt in der Aufzählung: Wilne. Das ist jiddisch. Mit der großen jüdischen Tradition der Stadt seiner Jugend hat Czesław Miłosz sich erst viel später im Exil beschäftigt. Doch seine »Jesuitenstadt« besaß auch 105 Synagogen und Bethäuser, berühmte Rabbinerseminare, jüdische Druckereien, Verlage und Bibliotheken und trug wegen ihrer außergewöhnlichen jüdischen Gelehrsamkeit schon seit dem 17. Jh. den stolzen Titel eines »litauischen Jerusalem«. Wilne war das letzte Jerusalem der Diaspora, eine »geistige Bastion der jiddischen Welt« (Leon Brandt).

Die Juden stellten 40 Prozent der Bevölkerung, zu ihrer Gemeinde zählten 70 000 Menschen, nur wenige Tausend haben den Holocaust überlebt. Ein paar Hundert »Litvaken« sind heute noch am Leben, und mit einem von ihnen muß man durch die Stadt gehen, wenn man ihrer jüdischen Geschichte auf die Spur kommen will.

Die Juden waren schon im Mittelalter auf Einladung der Großfürsten nach Litauen gekommen. Der erste Großfürst, der sein Land nach Westen öffnete, war Gediminas (1316—41), »der Litauer und vieler Russen König«. Gediminas verlegte seine Residenz 1323 von Trakai nach Vilnius und lud Kaufleute und Handwerker aus ganz Europa in seine »königliche Stadt« ein. Das Jahr 1323 gilt als Gründungsjahr der litauischen Hauptstadt, in der Gediminas sogleich mit dem Bau einer Holzburg, des späteren Oberen Schlosses, begann, um die neue Stadt vor den Ordensrittern zu schützen.

Den Kreuzrittern ist es freilich nie gelungen, die Stadt zu erobern. Die Litauer wollten sich einfach nicht unterwerfen. Doch langfristig brauchten die Großfürsten Verbündete gegen die Kreuzritter. Dafür kamen nur die Polen in Frage. 1386 heiratete Gediminas' Enkel Jogaila die polnische Königin Jadwiga. Zuvor hatte er sich verpflichtet, sein Land der Krone Polens »auf ewig« anzugliedern. Das haben die Litauer diesem Großfürsten nie verziehen. Kaum ein Junge wird auf den Namen »Jogaila« getauft . . .

Der »Krakauer Hochzeit« folgte 1387 die Taufe der Litauer.

MARCO-POLO-TIPS FÜR LITAUEN

1 Europos Centras
Europas geographischer Mittelpunkt liegt 25 km nördlich von Vilnius im Dorfe Bernotai (Seite 67)

2 Aušros Vartai (Tor der Morgenröte)
Das wundertätige Gnadenbild in der Kapelle über dem Tor ist ein nationales Heiligtum der Litauer (Seite 71)

3 Gotischer Winkel in Vilnius
Die Besichtigung der drei Kirchen im »gotischen Winkel« gilt als Höhepunkt jeder Stadtbesichtigung (Seite 73)

4 Wasserburg Trakai
Die einzige erhaltene gotische Wasserburg Europas (Seite 79)

5 Teufelsmuseum in Kaunas
Über 1000 Teufel aus aller Herren Länder bevölkern dieses Museum über drei Etagen (Seite 82)

6 Bernsteinmuseum in Palanga
Das 1963 eröffnete Museum im Neo-Renaissance-Palais der Grafen Tyszkiewicz birgt eine bedeutende Bernsteinsammlung (Seite 87)

7 Thomas-Mann-Haus in Nidden (Nida)
In seinem Ferienhaus auf der Kurischen Nehrung schrieb Thomas Mann den dritten Band von »Joseph und seine Brüder«. Der Blick auf das Kurische Haff ist immer noch einmalig (Seite 86)

Das Christentum kam nun über Polen nach Litauen, von einzelnen Relikten der heidnischen Zeit, der Verehrung für die Sonne und die Natter, haben die Litauer sich bis heute nicht getrennt. Immer noch verzieren sie ihre Kreuze mit Sonnen und Nattern, die ihnen länger als anderen Völkern heilig waren.

1410 brachten die vereinigten polnisch-litauischen Heere dem Deutschen Orden bei Tannenberg (lit. Žalgiris) eine vernichtende Niederlage bei.

Doch an dem litauisch-polnischen Commonwealth, das nun entstand, scheiden sich bis heute die Geister. Das litauische Großfürstentum war territorial dreimal so groß wie das Königreich Polen. Dennoch bedeutete die Union mit Polen für die Litauer langfristig eine Polonisierung, vor allem das »langsame Absterben ihrer Sprache« (Miłosz).

Mit der dritten polnischen Teilung 1795 verschwand der polnisch-litauische Doppelstaat, eines der seltsamsten Staatengebilde der Geschichte, von der Landkarte. »Wilno« wurde eine russische Gouvernementsstadt. 1812 machte Napoleon hier Station, um letzte Hand an seine Aufmarschpläne gegen Moskau zu legen, ein paar Monate später kehrten die Reste der »Grande Armée« über Litauen nach Frankreich zurück.

Fast zwanzig Jahre später schlug Zar Nikolaus I., der »Gendarm Europas«, den ersten polnisch-litauischen Aufstand nieder und schloß 1832 »zur Strafe« die Universität Vilnius. 1863 scheitert auch der zweite Versuch, die Unabhängigkeit wiederherzustellen. Die Folgen waren noch schlimmer: 1864 erging ein Druckverbot für litauische Bücher in lateinischer Schrift. Daraufhin wurden litauische Bücher in Ostpreußen gedruckt und über die Memel geschmuggelt. Es entstand der höchst ehrenwerte, aber gefährliche Beruf der »Bücherträger«. 1861 war auch in Litauen die Leibeigenschaft aufgehoben worden, und so konnte allmählich ein Kleinbauerntum entstehen, aus dem Intellektuelle hervorgingen, die sich beim Studium an russischen und westeuropäischen Universitäten auf ihre litauische Herkunft besannen. Die litauische Nationalbewegung, die sich in doppelter Frontstellung gegen die Russifizierungversuche und die polnischen Traditionen herausbildete, mündete gegen Ende des Ersten Weltkrieges in die Wiederherstellung des litauischen Staates am 16. Februar 1918. Die Regierung der Republik Litauen mußte sich freilich in Kaunas niederlassen, weil polnische Truppen die historische Hauptstadt Vilnius 1920 endgültig besetzt hatten. Die »Wilna-Frage« entstand, die beiden Länder hatten keine diplomatischen Beziehungen. Kompliziert war auch das Verhältnis zu Deutschland, weil die Litauer 1923 das unter französischer Verwaltung stehende Memel besetzt hatten. Hitler holte es bekanntlich 1939 »heim ins Reich«. Das »Wilna-Gebiet« erhielt Litauen Ende 1939 von Stalin zurück, nachdem die Rote Armee Ostpolen besetzt hatte.

Die Stadt hatte 1940, als die Russen zum ersten Mal kamen, 210 000 Einwohner. Als sie 1944 zurückkamen, waren es noch

110 000. Die Juden waren tot. Zehntausende Polen wurden nach Polen umgesiedelt. Die Litauer brauchten fast vierzig Jahre, um in ihrer Hauptstadt die Bevölkerungsmehrheit zu stellen. 1991 zählte Vilnius 570 000 Einwohner.

Am 11. März 1990 hatte der neugewählte Oberste Rat den unabhängigen litauischen Staat wieder hergestellt. Darauf rollten Panzerwagen durch die Stadt. Am 13. Januar 1991, dem Blutsonntag von Vilnius, starben vierzehn Menschen beim Sturm sowjetischer Truppen auf den Fernsehturm. Da verbarrikadierten die Litauer ihr Parlament. Die Barrikaden sollen bleiben, bis der letzte russische Soldat litauischen Boden verlassen hat. Der Platz vor dem Parlament heißt jetzt »Platz der Unabhängigkeit«. Seit dem 11. März 1990 sind in Vilnius 160 Straßen und Plätze umbenannt worden. Ein Glockenton hängt wieder über der Stadt, und an vielen Orten haben die Litauer den Toten des letzten Unabhängigkeitskampfes Kreuze errichtet. (D 10)

BESICHTIGUNGEN

Aušros Vartai (Tor der Morgenröte)

★ Das »Tor der Morgenröte«, im 16. Jh. im Renaissance-Stil gebaut, ist das einzige erhaltene Stadttor. Die Russen hatten um 1800 den größeren Teil der Befestigungsanlagen schleifen lassen. Das »Tor der Morgenröte« wurde wahrscheinlich nur wegen des wundertätigen Madonnenbildes, das damals an der Außenseite des Tores in einer heute noch sichtbaren Nische angebracht war, verschont. Die Kapelle an der Innenseite des Tores wurde Ende des 18. Jhs. gebaut. Das Madonnenbild, das vermutlich Barbara Radzivill (1520 bis 51) zeigt, befindet sich jetzt in der Kapelle. Das Aušros-Tor hat für die Litauer die gleiche Bedeutung wie die Schwarze Madonna von Tschenstochau für die Polen. Polnisch heißt es »Ostra Brama«. *Aušros Vartų gatvė*

Drei-Kreuze-Berg

⚜ Nach der Legende wurden auf diesem Drei-Kreuze-Berg im Mittelalter drei Mönche gekreuzigt. In der Stalin-Zeit wurden die Kreuze abgerissen, am 14. Juni 1989 neu errichtet. Sie symbolisieren Litauens Trauer und Hoffnung.

Gediminas-Prospekt

Der frühere »Lenin-Prospekt« ist die Hauptstraße des modernen Vilnius, eine wichtige Geschäfts- und Behördenstraße. Die Straße wurde 1852 vom Kathedralenplatz in Richtung Westen zur Vorstadt Lukiškes angelegt. Damals hieß sie »Jurgio gatvė« — »Georgstraße«. Die meisten Gebäude stammen aus der Zeit der Jahrhundertwende und sind architektonisch nicht sehr interessant. Aber in manchen von ihnen ist während der »singenden Revolution« Geschichte gemacht worden. Im Eckhaus gegenüber der Kathedrale, *Gediminio 1*, hat die Reformbewegung »Sajūdis« ihren Sitz. Am *Savivaldybes aikštė* (früher Tschernjachowskij-Platz) hatte das ZK der litauischen KP seinen Sitz. Jetzt residiert in dem modernen Gebäude der Ministerrat. In einem kleinen Park ein paar Schritte weiter steht das Denkmal der Žemaite (1845–1891), der Dichterin aus adligem Hause, die Bäuerin wurde und sozialkritisch über das Landleben schrieb. Der *Lukiškes-Platz* (früher Lenin-Platz) ist der größte und schön-ste Platz von Vilnius. Von 1951 bis 1991 stand dort ein Marmor-Lenin, der nach dem August-Putsch geschleift wurde.

Einige hundert Meter weiter rechts mündet die *Gynejų gatvė* auf den Gediminas-Prospekt. Sie

Im »Gotischen Winkel«: St. Annen- und St. Bernhard-Kirche

führt auf den »Unabhängigkeitsplatz« mit der *Mažvydas-Bibliothek* und dem *Parlament*. Die Barrikaden sind längst Touristenattraktion und Ausflugsziel für Schulklassen, aber auch ein Mahnmal, das alle Besucher darauf hinweisen soll, daß Litauen sein Kreuz immer noch trägt.

Gotischer Winkel

★ Bei jeder Stadtführung ist der »Gotische Winkel« ein Höhepunkt. Hier stehen drei Kirchen auf engstem Raum zusammen, *St. Anna, St. Bernhard* und *St. Michail*. Die Kirche des Hl. Bernhard, auch Zisterzienserkirche genannt, ist die älteste in dem Trio. Als sie 1520 fertig wurde, war sie die schönste und größte der Stadt. Aber dann bekam sie Konkurrenz. Heute gilt St. Anna aus dem 16. Jh. als schöner. Das Wertvollste an ihr ist die Fassade, Für die Ornamente haben die Baumeister 33 Backsteinformen verwendet. Die Kunsthistoriker sprechen von der »flammenden Gotik«, und tatsächlich sieht es manchmal so aus, als stehe die Kirche in Flammen. St. Michail entstand von 1594 bis 1625 als Nonnenklosterkirche und Grabkirche der Magnatenfamilie Sapiega. Diese Kirche wurde 1972 zum Architekturmuseum umfunktioniert. Und das ist sie z. Zt. auch noch. Interessant im Gotischen Winkel: das *Denkmal* für den polnischen Nationaldichter *Adam Mickiewicz* (1798–1855), der von 1815 bis 1819 in Vilnius studiert und dort auch seine literarische Karriere begonnen hat. 1824 wurde er aus Vilnius verbannt und ging nach Frankreich. Dort schrieb er 1834 seinen berühmten »Pan Tadeusz«, der mit einer Liebeserklärung an Litauen beginnt. Die Litauer betrachten Mickiewicz als einen der ihren und nennen ihn »Adomas Mickievičius«. *Maironio 6, 8 und 12*

Heiliggeist-Kloster

Das Kloster ist das Zentrum der Russisch-orthodoxen Kirche in Litauen und Sitz des russischen Erzbischofs von Vilnius. Es liegt neben der Theresienkirche in einem zweiten Hof. In der Drukkerei des Klosters wurde 1619 die erste »Slawische Grammatik« gedruckt. *Aušros Vartų 10*

Pilies gatvé / Didžioji gatvé (Schloßstraße / Große Straße)

In der Sowjetzeit hießen die beiden Straßen zusammen nach Maxim Gorkij, der nie in Vilnius war. Davor hießen sie Schloßstraße, ursprünglich aber Große Schloßstraße. Einst verband die Schloßstraße die beiden Schlösser mit dem Rathaus und war die wichtigste Straße in der Altstadt. Das ist immer noch zu spüren. Hier stehen viele schöne alte Häuser unter Denkmalschutz. Man kann von der Schloßstraße auf der Höhe der *Johanniskirche* auch leicht in die Universität gelangen. Weiter südlich, auf der anderen Seite des namenlosen Platzes mit der russisch-orthodoxen *Nikolaj-Kirche* (wo Alexander Puschkins Sohn getauft wurde!), wird die Schloßstraße dann zur Großen Straße. Diese erweitert sich allmählich zu einem dreieckigen Platz. Das ist der ehemalige Markt und spätere Rathausplatz. Vom ersten Rathaus aus dem 15. Jh. war nach mehreren Bränden so wenig übriggeblieben, daß die Stadtväter sich zu einem Neubau entschlossen. Dieser entstand von 1783 bis 1799 im klassizistischen Stil. Seit 1940 dient das Rathaus als Kunstmuseum *(Dailès muziejus)*, wird aber noch immer »Rathaus« genannt *(Didzioji gatvè 31)*. Auf der Höhe des Kunstmuseums geht rechts die Deutsche Straße ab, eine der ältesten Straßen der Stadt. In der Sowjetzeit hieß sie »Museumsstraße«. Längs der Deutschen Straße lag das alte Judenviertel, während der deutschen Besetzung das Ghetto. Weiter südlich linker Hand fesselt die mächtige Kuppel der *Kazimirkirche* mit ihrer goldenen Krone den Blick. Die Kirche wurde von 1596 bis 1604 nahe dem alten Marktplatz als Hauptkirche der Jesuiten nach dem Vorbild der Jesuitenmutterkirche Il Gesù in Rom erbaut und dem Prinzen Kazimir geweiht, der 1584 starb. Sie blieb bis zum Verbot des Ordens 1773 in dessen Besitz und wurde 1832, nach dem polnisch-litauischen Aufstand, der Russisch-orthodoxen Kirche übergeben, wobei sie den Patron wechselte. Denn St. Kazimir war auch immer Schutzherr der Litauer im Kampf gegen die Moskowiter. In der Sowjetzeit wurde ausgerechnet dieses Gotteshaus zu einem Atheistischen Museum umfunktioniert, dessen Exponate »das reaktionäre Wesen der Religion und ihrer Diener« aufzudecken hatten, wie es in einem Intourist-Prospekt hieß. – Das nächste wichtige Gebäude an der *Didzioje gatvè* ist die *Philharmonie*. Hier wurde 1906 die erste litauische Oper, »Birutè« von Mikolas Petrauskas, uraufgeführt, und am 16. Februar 1918 die Unabhängigkeit

erklärt. Im Giebel des Hauses ist das alte Stadtwappen zu sehen, der Heilige Christopherus mit dem Jesuskind. Hinter der Philharmonie geht die Große Straße in die *Aušros Vartų gatvè* (Straße zum »Tor der Morgenröte«) über.

Stanislaus-Kathedrale

Die Kathedrale, die Jogaila 1387 im heiligen Hain des Donnergottes Perkūnas in Auftrag gab, erhielt erst im 18. Jh. ihre neoklassizistische Fassade, die ihr von Ferne das Aussehen eines antiken Tempels verleiht. 1950 wurde die Kathedrale geschlossen, renoviert und 1956 als Gemäldegalerie wieder eröffnet. Seit 1963 diente sie auch noch als Konzertsaal. Erst im Oktober 1988, wurde das Gotteshaus der Katholischen Kirche Litauens zurückgegeben. Im März 1991 wurden die Gebeine des Heiligen Kazimir, des Schutzpatrons der Litauer, von der Peter- und Paulskirche wieder in die Kazimir-Kapelle überführt, die auch von hohem künstlerischen Wert ist. Die sogenannte »lachende Madonna« in der Kapelle hat Seltenheitswert. Der getrennt stehende Glockenturm ist der einzige erhaltene Festungsturm aus der Verteidigungsmauer des verschwundenen Unteren Schlosses. Die Turmuhr stammt aus dem 17. Jh. und funktioniert bis heute makellos. Sie wurde 1965 zuletzt gestellt. *Katedros Haikstè*

St. Peter und Paul

Die Kirche entstand von 1668 bis 1684 anstelle eines heidnischen Hains. Sie ist im Innern überaus reich ausgestattet: 2000 Skulpturen und Reliefs warten auf den Betrachter. In der Sowjetzeit, als die Kathedrale Gemäldegalerie war und St. Kazimir Museum, war St. Peter und Paul die Hauptkirche von Vilnius und Sitz des Erzbischofs. *Antakalnio 1*

St. Theresia

Die Theresienkirche beim Aušros-Tor stammt aus dem Jahre 1646; hier wurde immer auch polnisch gepredigt. *Aušros Vartų gatvè*

Synagoge

Die Choralsynagoge (1894) ist — nachdem die Große Synagoge in der Judengasse nicht wieder aufgebaut wurde — als einzige erhalten geblieben. *Pylimo 39*

Universität

⚓ Die »Alma mater Vilnensis« ist 1579 aus einem Jesuitenkolleg hervorgegangen und hat eine bewegte, polnisch geprägte Geschichte. Eine litauische Universität wurde sie erst 1940. Heute studieren hier 13 500 Studenten an 13 Fakultäten. Aber nur zwei Fakultäten, die historische und die philologische, sind noch in der alten Universität. Es lohnt sich unbedingt, in einem der zwölf romantischen Innenhöfe zu verweilen und dem bunten Treiben zuzuschauen. — Die *Universitätsbibliothek* besitzt vier Millionen Bände und 300 Inkunabeln. *Universiteto gatvè*

MUSEEN

Historisch-Ethnographisches Museum

Das Museum entstand 1952 aus dem Historischen und Ethnographischen Museum und älteren Sammlungen. Seit 1967/68 ist es im restaurierten Arsenal (18. Jh.) untergebracht. Das Museum besitzt 375 000 Exponate. In acht Abteilungen wird über die politische, wirtschaftliche, soziale und kulturelle Entwicklung Litauens von prähistorischen Zeiten bis zum Zweiten Weltkrieg gezeigt. Das berühmteste Ausstellungsstück ist wahrscheinlich der Tisch, an dem 1795 die dritte Teilung des polnisch-litauischen Doppelreiches besiegelt wurde. Dazu gehört auch der zerbrochene Dolch von König Stanisław August Poniatowski, der das Ende des Staates symbolisieren soll. Entfernt worden sind die Exponate zum Thema »Sieg der Sowjetmacht« und »Aufbau des Sozialismus« in Litauen. *Mi—So 11—19 Uhr, Arsenalo 1*

Kunstmuseum

Das Kunstmuseum *(Dailès muziejus)* im ehemaligen Rathaus zeigt litauische Kunst vom Beginn des 20. Jhs. bis in die Gegenwart. Falls Sie nicht nach Kaunas kommen, können Sie hier erste Bekanntschaft mit dem Werk des Malers und Komponisten M. K. Čiurlionis machen, dessen wichtigste Gemäldezyklen in Kaunas ausgestellt sind. *Di—So 12—18 Uhr, Didžioji 31*

Museum der litauischen Volkskunst / Litauisches Staatsmuseum

Die beiden Museen sind im Gebäude des ehemaligen modernen Revolutionsmuseums beim Hotel *Lietuva* untergebracht. Diese Sammlung von Werken der Volkskunst ist wertvoller als die Sammlung angewandter Kunst im Arsenal. Am eindrucksvollsten aber sind die Arbeiten der Holzschnitzer, insbesondere die Kreuze. Früher standen sie vor allen Höfen, an allen Wegen und Straßen, verziert mit Sonnen, Monden, Nattern und Pflanzen oder einer Dachkapelle. Im *Staatsmuseum* wird an die litauische Résistance gegen die Sowjetmacht erinnert. Sie dauerte bis 1953. Auf einer Karte der ehemaligen Sowjetunion wird deutlich, daß Litauer in praktisch alle Gebiete jenseits des Ural deportiert waren. Sehenswert und ganz aktuell sind die Dokumente zum Unabhängigkeitskampf der letzten Jahre. *Mi–So 11–19 Uhr, Studentų 8*

Schloßmuseum/Gediminasturm

◁▷ Der Gediminasturm auf dem Schloßberg ist eines der ältesten Baudenkmäler in Vilnius, der Westturm des von Vytautas (1392–1430) erbauten steinernen »Oberen Schlosses«. 1960 wurde hier ein Museum eingerichtet. Gezeigt werden archäologische Funde vom Schloßgebiet aus dem 14.–17. Jh., Waffen und Rüstungen aus dem 15.–16. Jh., Kanonen und Hellebarden aus dem 16.–17 Jh, alte Ansichten von Vilnius und Modelle des »Oberen« und »Unteren« Schlosses aus dem 14. Jh. Vom Unteren Schloß ist praktisch nichts erhalten. Beide Schlösser sollen wieder aufgebaut werden. *Mi–Mo 11–17 Uhr, Mai–Okt. 9–20 Uhr*

Staatliches Jüdisches Museum

In dem erst 1990 eröffneten kleinen Holzhaus werden Fotodokumente vom »litauischen Jerusalem« und dem Holocaust in Litauen gezeigt. *Mo–Fr 9–17 Uhr, Pamenkalnio 12*

Laura

Alle reden von »Laura«, wir tun es auch. Das zweitbeste Restaurant von Vilnius liegt in einem Hochhaus im Norden der Stadt. *Žirmūnų 147, Tel. 77 96 11*

Literatų svetainė

Das Literatencafé gegenüber der Kathedrale ist bei den Intellektuellen sehr beliebt. Gepflegte Atmosphäre. *Gedimino pr. 1, Tel. 61 29 39*

Lokys

Der »Bär« hat einen guten Ruf wegen seiner Wildbretspezialitäten. *Stiklių, Tel. 62 90 46*

Medininkai

Ein Restaurant mit Café unweit des Aušros-Tors, das einen guten Eindruck macht. *Aušros Vartų 4, Tel. 61 40 19*

Senasis rūsys

Ein Kellerlokal für romantische Seelen mit englischer, französischer Speisefolge. *Šv. Ignoto 16, Tel. 61 11 37*

Stikliai

Der Wirt des »Gläsers« heißt »Romas« und hatte Prinzessin Caroline von Monaco zu Gast, die sich herzlich für das »wunderbare Abendessen« und den »freundlichen Empfang« bedankt hat. Das will was heißen! *Gaono 7, Tel. 62 79 71*

Žaliasis

Das »grüne Restaurant« liegt hinter dem Industrieviertel in Richtung Kaunas. Es lohnt den Ausflug. *Jankiškių 43 a, Tel. 65 32 33*

Antiquitäten
Antiquitäten, *Dominikonų 14*

Galerien
Photogalerie, Didžioji 19
Kunstsalon, Vokečiu 2

Kunstgewerbeläden »Daile«
Arka, Aušros Vartų 3
Galerija 91, Pilies 44
Langas, Ašmenos 8
Vartai, Vilniaus 39

Märkte
Garūniai, Internationaler Trödelmarkt, *Tel. 64 94 15*

Spezialitäten
Ginta, Litauisches Schwarzbrot nach Hausmacherart, *Užupio 23*

Valuta-Läden
Vilbara, Pilies 2/1, Tel. 61 07 50
Merkurijus, Laisves pr. 31, Tel. 26 83 33

Astorija
Das alte Haus beim Rathaus wird derzeit von einer norwegischen Firma generalüberholt und ist auch während der Renovierung geöffnet. *Didžioji 35, Tel. 62 99 14, Fax +7(01 22)22 13 80 und 62 41 81, Kategorie 2*

Draugystė
Das Hotel liegt nicht zentral, aber sehr hübsch am Vingis-Park. Die 133 Räume sind überwiegend mit Diplomaten belegt. Das Restaurant gibt sich Mühe, doch vor Mitternacht ist Zapfenstreich. *Čiurlionio 84, Tel. 66 26 03; Restaurant, Tel. 66 16 51, Kategorie 2*

Lietuva
Das ehemalige Intourist-Hotel ist nur deshalb gut belegt, weil es so wenige Hotelbetten in Vilnius gibt. Bewachter Parkplatz. Das Restaurant ⚜ »Panorama« im 22. Stock bietet annehmbare Küche, Tanz und Variété. *Ukmergès 20, Tel. 26 11 19 Restaurant 35 61 38 Fax +7(01 22)35 61 56, Kategorie 2*

Mabre
Das neue kleine Haus ist ein Lichtblick und deshalb wohl immer ausgebucht, Litauisch-deutsches Gemeinschaftsuntenehmen, im ehemaligen Zisterzienserkloster. *Maironio 13, Tel. 61 41 62, Fax +7 (01 22)61 30 86, Kategorie 2*

Neringa
Sauberes, ruhiges Haus in der Fußgängerzone des Gedimino Prospekts, meistens ausgebucht. Angenehmes großes Restaurant *Gedimino pr. 23, Tel. 62 00 04 Restaurant 61 40 58 Kategorie 3*

Villon
Das litauisch-englische Gemeinschaftsunternehmen ist eine Neueröffnung *an der Schnellstraße (M 12) nach Riga*, 20 km vom Stadtzentrum entfernt. Ein weiterer Lichtblick! *Buchung: Tel. 65 13 85, Fax +7(01 22)65 13 85, Kategorie 2*

»Vilnius by night« ist nicht. Am Abend geht man am besten in ein Konzert in der Philharmonie *(Didžioji 45)* oder in die Oper *(Vienuolio 1)*. Auch im Kultur- und Sportpalast *(Rinktinès 1)* ist meistens etwas los. Aktuelle Veranstaltungstips entnehmen Sie bitte den englischsprachigen Stadtführer »Vilnius in your pokket«. Das Disko-Wesen steckt noch in den Kinderschuhen.

Ritmas, mit Pizzas am Tag und Videos am Abend, *tgl. 12–18 Uhr, ab 19 Uhr. Upniagesių 5, Tel. 63 22 68/66*

ZIELE IN DER UMGEBUNG

Birštonas

◁◁▷ Wenn Sie irgendwo in Litauen Mineralwasser bestellen, bekommen Sie wahrscheinlich eine Flasche *Vytautas* oder *Birutė* aus Birštonas serviert. Der in Litauen bekannte balneologische Kurort liegt rund 100 km westlich von Vilnius in einer malerischen Schleife der Memel *(Nemunas)* und rühmt sich seiner Schlammbäder, die seit 1846 medizinisch genutzt werden, seines Rudertrainingszentrums, seiner Prominentendatschen und seiner Jazzfestivals, die seit 1980 regelmäßig alle zwei Jahre stattfinden (C 11) *Hotels: Nemunas, Algirdo 3, Tel. 5 63 45; Tourist, Turistų 1, Tel. 5 63 31; Restaurants: Druskupis, Algirdo 17, Tel. 5 67 81; Birutė, Dariaus ir Girėno 2, Tel. 5 63 57*

Čiurlionis-Weg

Der bedeutende Maler und Komponist *Mikalojus Konstantinas Čiurlionis* wurde 1875 in Varėna geboren, lebte längere Zeit in Druskininkai und starb 1911 in Warschau. Der *Čiurlionis-Weg* wurde 1975, aus Anlaß des 100. Geburtstages des Meisters, angelegt. Er beginnt auf der Höhe von *Varėna* und endet vor *Druskininkai*. Über eine Strecke von 80 km finden sich 25 hölzerne Monumentalplastiken, die verschiede-

ne Etappen im Leben und Werk von Čiurlionis symbolisieren. Auf vielen Dachkapellen befinden sich Metallkreuze mit Nattern, Blumen, Monden und Sonnen. Das ist alles sehr litauisch. (D 11/C 11) *An der A 233 zwischen Varėna und Druskininkai*

Druskininkai

Die Stadt (18 000 Ew.) liegt am Nemunas und ist wegen ihrer Mineralwasserquellen, ihrer Moorbäder und ihrer Klimatherapien bekannt. Das Klima soll hier gesünder sein als in Davos. Die Stadt, die in der waldreichsten Gegend Litauens liegt, hat natürlich ein Forstmuseum, das *Waldecho*, mit interessanten Exponaten. Doch in erster Linie ist das *Čiurlionis-Museum* sehenswert. Im Sommer finden im Museum Konzerte statt. Eine Dampferfahrt auf dem Nemunas wird empfohlen. (C 11) Preislich günstige Kuren bieten das *Sanatorium Lietuva, Tel. 5 24 14, und das Sanatorium Eglė, Tel. 5 32 37, an.*

Paneriai

Im Wald von Paneriai wurden zwischen 1941 und 1944 während der deutschen Besetzung über 100 000 Menschen erschossen, 70 000 davon waren Juden aus Vilnius. Die wenigen Überlebenden errichteten den Toten 1945 ein Denkmal mit einer jiddischen Inschrift. Das Denkmal wurde 1953 abgerissen, weil es in der Sowjetunion keine besondere jüdische Tragödie geben durfte. An seine Stelle trat in den sechziger Jahren ein Obelisk mit Sowjetstern, der den »Opfern des faschistischen Terrors 1941 bis 1944« gewidmet war. Ein jüdisches Denkmal, gestiftet von einem »Litvaken« aus Israel, ist erst im Sommer 1991 wieder errichtet worden. (D 11)

Rumšiškės

Das Freilichtmuseum liegt 20 km südöstlich von Kaunas am *Kaunaser Meer*, einem Stausee. Es ist das jüngste der drei großen baltischen Freilichtmuseen, aber mit 200 ha Fläche das größte. Holzbauten und Hausrat zeigen, wie die Litauer von der 2. Hälfte des 18. Jhs. bis in die erste Hälfte des 20. Jhs. gelebt haben. Im Sommer finden hier Volksfeste statt. Es wird auch litauisch gekocht. (C 10) *An der A 277 Vilnius–Kaunas*

Trakai und Wasserburg Trakai

★ Die 26 km nach Trakai (6000 Ew.) lohnen sich. Das Städtchen liegt malerisch auf einer Halbinsel zwischen drei Seen. Die gleichnamige Burg ist die einzige erhaltene gotische Wasserburg Europas. Im Jahre 1387 von einem Ordenschronisten erstmalig erwähnt, hat die Burg glanzvolle Zeiten erlebt, bevor sie 1655 im ersten Nordischen Krieg (1655–1657) zerstört wurde. Die Ruinen haben über die Jahrhunderte die Phantasie der Dichter beflügelt. Wiederaufgebaut wurde die Burg in den fünfziger und sechziger Jahren, angeblich gegen den Widerstand von Nikita Chruschtschow, der nicht begreifen konnte, warum die Litauer lieber die Burg restaurieren als Neubauviertel bauen wollten. Im Hof der Hauptburg finden Konzerte und Freilichtaufführungen statt. In den ⚜ Ausstellungsräumen wird die Geschichte der Burg dargestellt. Darin spielt die Schlacht von Tannenberg *(Žalgiris)* eine zentrale Rolle. Hinzugekommen ist kürzlich ein Saal mit Exponaten über die Republik Litauen 1918–40, *Di–So 10–18 Uhr.* Auch über die *Karaim*, jene seit Vytautas' Zeiten in Litauen ansässigen türkisch-stämmigen Einwanderer mosaischen Glaubens von der Krim kann man sich informieren. Die meisten Karaim, die den Talmud nicht anerkennen, leben in Trakai und Umgebung, wo sie im Gartenbau tätig sind. Ihr Tempel, die *Kinessa,* steht in der Karaimstraße. Dort gibt es auch ein kleines *Museum, tgl. 11–16 Uhr, und ein karaimisches Spezialitätenrestaurant* (D 11)

Verkiai

Die 10 km nördlich von Vilnius gelegene ehemalige Sommerresidenz der Vilniuser Bischöfe gehört zu den klassizistischen Baudenkmälern der Stadt. Im 19. Jh. gelangte das Palais in den Besitz der Familie Wittgenstein. Seit dem Zweiten Weltkrieg gehört es der Akademie der Wissenschaften und beherbergt das Botanische Institut. Im Palais hängt der größte Gobelin Litauens »Die Kavalkade der Ritter« (20 qm). Das Stück wurde Anfang des 18. Jhs. in Brüssel gewebt. (D 10) *Mi, Sa, So 11–18 Uhr, Turistų 49*

KAUNAS

Die zweitgrößte Stadt Litauens und provisorische Hauptstadt der Zwischenkriegszeit, liegt am Zusammenfluß des *Nemunas* (Memel) und der *Neris* rund 100 km nordwestlich von Vilnius. Zwischen den beiden Metropolen gibt es eine gewisse Rivalität. Die Kaunaser finden nämlich, daß *ihre* Stadt als die *erste* litauische Stadt zu gelten habe, Vilnius aber nur als die *dritte*. Demographisch gesehen haben sie recht. Kaunas hat 420 000 Ew., und davon sind 84 Prozent Litauer. Also leben in Kaunas mehr Litauer als in Vilnius. Und dann ist da noch Chicago, eines der großen Zentren der litauischen Emigration, wo auch mehr Litauer leben als in Vilnius.

Kaunas wurde 1361 gegründet. Es hat in der Landesverteidigung gegen die 200 Jahre lang anstürmenden Kreuzritter eine wichtige Rolle gespielt und konnte sich erst nach der Niederlage des Deutschen Ordens in der Schlacht von Tannenberg 1410 zu einem wichtigen Handels- und Verkehrsknotenpunkt entwickeln.

Mit diesen Fakten und einem Halt bei den Ruinen der (zweiten) Burg und der Georgskirche, einem schönen Beispiel der litauischen Backsteingotik aus dem 15. Jh., beginnen in Kaunas die meisten Stadtführungen. (C 10)

BESICHTIGUNGEN

Freiheitsdenkmal

Die Kaunaser waren 1989 die ersten im Baltikum, die einen sowjetischen »Befreiungspanzer« von seinem Denkmalpodest holten und aus ihrer Stadt entfernten. Statt dessen stellten sie im Garten des Kriegsmuseums das Freiheitsdenkmal wieder auf. Daneben wurden Steine von litauischen Schlachtfeldern zu einem »Unabhängigkeitsdenkmal« geformt. Das ist eben Litauen . . . *Donelaičio 64*

Laisvės alėja (Freiheitsallee)

✪ Aus der Altstadt gelangt man am besten durch die *Vilniaus gatvė*, die heute auch Fußgängerzone ist, in die Laisvės alėja, das Zentrum des modernen Kaunas. Die Freiheitsallee war einmal die allererste Fußgängerzone in der ehemaligen Sowjetunion. Sie ist 1,7 km lang und wird von Linden gesäumt. In der Zarenzeit hieß sie nach dem Hl. Georg, während der deutschen Besetzung im Ersten Weltkrieg »Kaiser-Wilhelm-Straße«, in der Zwischenkriegszeit »Freiheitsallee«, in den ersten Jahren der sowjetischen Besetzung »Stalin-Allee« und seit Stalins Tod gleich wieder »Freiheitsallee«. Das ist ein litauisches Wunder. Hier war also keine Umbenennung erforderlich. Das Denkmal für *Vytautas den Großen*, nach dem auch die Universität benannt ist, wurde 1991 wieder aufgestellt.

Rotušės aikštė (Rathausplatz)

Die eigentliche Altstadt entwickelte sich ein paar hundert Meter östlich von der Burg rund um den Marktplatz, den heutigen Rathausplatz, dessen Größe (2,5 ha) zeigt, wie bedeutend Kaunas im 15. und 16. Jh. war. 1542 begann die Stadt mit dem Bau eines (zweiten) Rathauses. Die Litauer sagen manchmal, sie besäßen nur dreieinhalb Rathäuser, und das Kaunaser Rathaus sei eines davon. Das gotische Gebäude erhielt durch spätere Umbauten sein barockes Äußeres. Der 53 Meter hohe Turm wird von einem Auerochsen gekrönt, der als Windfahne dient und das Wahrzeichen der Stadt ist. Und über dem Auerochsen reitet auch noch Vytis, der weiße Ritter

Die Vilniaus gatvė in Kaunas, eine Fußgängerzone

aus dem Staatswappen. Das Rathaus, im Volksmund »Weißer Schwan« genannt, dient als Standesamt. Dort wird aber nicht nur geheiratet, sondern auch geschieden. Die Stadtväter haben dafür gesorgt, daß die Paare verschiedene Türen benutzen , , ,

Die Wohnhäuser an der Ostseite des Platzes stammen aus dem 15. bis 17. Jh. Der große gelbe Gebäudekomplex an der Südseite ist das ehemalige Zisterzienserkloster nebst Jesuitenkirche. Das Denkmal vor dem ehemaligen *Pacas-Palais* zeigt den Dichter-Priester Maironis (Jonas Mačiulis, 1862–1932), der zu den beliebtesten litauischen Poeten gehört. Die frischgetrauten Paare bringen ihm Blumen. — Das Priesterseminar an der Nordwest-Ecke des Rathausplatzes wurde 1864 eröffnet. Es war in der Sowjetzeit die einzige theologische Ausbildungsstätte Litauens und zusammen mit der Peter-und-Paul-Kathedrale an der Nordost-Ecke das religiöse Zentrum des Landes. Kardinal Vincentas Sladkevičius, der erste litauische Kardinal seit 400 Jahren, hat seinen Sitz immer noch in Kaunas. Die *Kathedralbasilika* aus dem 15. Jh. hat elf Altäre und eine litauische Orgel. Maironis liegt an ihrer Südmauer begraben.

Vytautas-Kirche

Die älteste Kirche von Kaunas aus dem 15. Jh und eine der wenigen Kirchen, die nicht nach einem Heiligen, sondern nach einem Großfürsten benannt wurde, liegt direkt am Nemunas. *Karal. Mindaugo Pr. 1 a*

MUSEEN

Keramik-Museum
Im Keller des Rathauses. *Di—So 12—18 Uhr, Rotušes a. 15*

Kriegsmuseum
Beim Museum finden Glockenkonzerte statt, die einzigen im Baltikum. Die 35 Glocken wurden 1935 im Turm montiert. *Mi—Mo 10—18 Uhr, Donelaičio 64*

M. K. Čiurlionis-Kunstgalerie
Mikalojus Konstantinas Čiurlionis (1875–1911) hatte einen

enormen Einfluß auf die Entwicklung der litauischen Malerei und Musik. In seinem kurzen Leben hat er 300 Bilder gemalt und 200 Musikwerke komponiert. In der erst 1970 eröffneten Galerie – der Künstler galt in der Sowjetzeit lange als »dekadent« – hängen die Zyklen »Die Erschaffung der Welt«, »Die Tierkreiszeichen«, »Winter«, »Frühling« und »Sommer« und die Bilder »Rex«, »Wahrheit« und »Freundschaft«, »Frühlingssonate«, »Sonnensonate« und »Meeressonate«. Nach der Besichtigung der Galerie kann man sich im Musiksaal symphonische Dichtungen von Čiurlionis anhören. Die Galerie befindet sich im gleichnamigen Kunstmuseum. *Di–So 12–18 Uhr, V. Putvinskio 55*

Fotogalerie

Die litauische Schwarz-Weiß-Fotografie ist etwas Besonderes. *Di–So 11–19 Uhr, Vilniaus 4*

Teufelsmuseum

★ Gründer des 1966 eröffneten Museums war der Landschaftsmaler Antanas Žmuidzinavičius (1876–1966), der sein Leben lang Teufel sammelte. Die tausend Teufel von Kaunas sind aus Papier, Metall, Ton und Textilien und geeignet, den Besucher zum Lachen zu bringen, weil die Museumsführer über jeden einzelnen Beelzebub eine Geschichte zu erzählen wissen. *Di–So 12 bis 18 Uhr, V. Putvinskio 64*

Žilinskas-Kunstgalerie

Die Exponate dieser Galerie, darunter berühmte westeuropäische Meister, wurden von einem litauischen Mäzen aus Berlin gestiftet. *Di–So 12–18 Uhr, Nepriklausomybės a. 12*

Astra
Laisvės al. 76, Tel. 22 14 04

Daina
Laisvės al. 118, Tel. 20 94 12

Eglė
Smėlio 5, Tel. 74 53 96

Gildija
Rotušes a. 2, Tel. 22 00 03

Metropolis
Laisvės al. 68, Tel. 20 44 27

Tulpė
Laisvės al. 49, Tel. 20 86 14

Ugnė
Rotušes a. 23, Tė. 20 86 24

Kunstgewerbeläden Dailė

S. Daukanto 17; Laisvės al. 31, Rotušes a. 27

Galerie AL

Verkaufsausstellung von Keramik, Graphik und Bilder. Achten Sie auf die »schwarze Keramik« von Kaunas. *Mo–Fr 12–19 Uhr, Vilniaus 22*

Souvenirs

Laisvės al. 90

Valuta-Läden

Merkurijus, Laisvės al. 60

Baltija
Vytauto pr. 71, Tel. 22 36 79

Lietuva

S. Daukanto 21, Tel. 20 59 32 und 20 59 92, Kategorie 3

Neris

K. Donelaičio 27, Tel. 20 42 89 und 20 42 74

Wir empfehlen zuallererst einen Spaziergang auf der ✪ *Freiheitsallee*, dem beliebtesten Treffpunkt der Kaunaser. Hier flaniert das Volk, drängt sich in den Cafés und Geschäften, sitzt, steht und schwätzt. Und Sie haben die Wahl zwischen drei Theatern: dem *Musiktheater (Nr. 91)*, dem *Dramentheater (Nr. 71)* und dem *Puppentheater (Nr. 87a)*. Oder vielleicht möchten sie lieber ein *Glockenkonzert beim Kriegsmuseum* hören? Oder ein Basketball-Heimspiel der Bronzemedaillengewinner von Barcelona miterleben? Die sind nämlich in Kaunas zu Hause. Auskunft erhalten Sie bei *Pilis, Rotušes a. 11, Tel. 22 46 38*

ZIEL IN DER UMGEBUNG

Memelland

Von Kaunas aus sind es 214 km nach *Klaipėda* (Memel). Der Umweg über das Memelland ist 50 km länger, aber er lohnt sich. Man fährt an die 100 km auf der Landstraße die Memel entlang, die gemächlich breit durch eine beinahe menschenleere Gegend fließt. Die Zeit scheint in diesem flachen, grünen Land stehengeblieben zu sein. Spärlicher Autoverkehr, gelegentliche Pferdewagen, Milchkannen auf Holzständen am Straßenrand und immer wieder Störche.

Im Versailler Frieden war das Memelland mit seiner deutsch-litauischen, überwiegend protestantischen Bevölkerung unter französische Verwaltung gestellt, 1923 aber von litauischen Freischärlern besetzt worden. 1924 gelangte es durch die »Memelkonvention« unter litauische Oberhoheit. Im März 1939 zwang Hitler die Litauer zur Rückgabe. Die meisten Memelländer sind bei Kriegsende nach Westen geflüchtet, 30 000 sind geblieben oder zurückgekehrt. 1948 wurde das Memelland der Litauischen SSR angegliedert, und das war sein Glück. Das Memelland ist sozusagen »in Schuß«, Ostpreußen jenseits der Memel ist verwahrlost. Auf der Höhe von *Sowjetsk* (Tilsit), wo der Käse herkommt, fallen dem Reisenden Johannes Bobrowskis »Litauische Claviere« ein, deren Rahmenhandlung in der Mitte der dreißiger Jahre spielt. Und dann natürlich die »Reise nach Tilsit« von Heinrich Sudermann, der 1857 auf Gut Matziken in der Nähe von Heydekrug *(Šilute)* geboren wurde.

In *Šilute* und Umgebung leben noch etwa 400 Deutsche. In der 1924/26 gebauten protestantischen Kirche an der *Litauerstraße* (früher: Partisanenstraße, davor: Prinz-Joachim-Straße) hält Pastor Ernst Roga auch in deutscher Sprache regelmäßig Gottesdienste. Von Heydekrug sind es noch 80 km nach Memel. Die Straße verläuft fast parallel zum Kurischen Haff, dessen Nähe zu spüren ist, und da liegen wohl all die Dörfer, die Sudermann in seinen »Litauischen Geschichten« so realistisch beschrieben hat. (A 9-10/B 10)

KLAIPĖDA/MEMEL

Die Stadt, 1252 am Fuße der Me-
melburg gegründet, hatte vor
dem Zweiten Weltkrieg etwa
40 000 Einwohner, davon waren
vielleicht 10 000 Litauer. Als die
Rote Armee 1944 zurückkam,
waren noch 28 Einwohner übriggeblieben. Die Stadt lag in Trüm-
mern. Heute hat Klaipėda
200 000 Einwohner, davon sind
die Hälfte Russen. Aus dem ge-
mütlichen Städtchen der Vor-
kriegszeit ist eine moderne große Hafenstadt geworden, Litauens Tor zur Welt, eine Stadt mit
einem Anflug von Weltläufig-
keit. Für die Fähre nach *Mukran*
(Insel Rügen) wurde das Meme-
ler Tief ausgebaggert, zum Scha-
den des Kurischen Haffs, dessen
Salzwassergehalt gefährlich zu-
genommen hat. Seit 1976 ist die
Altstadt vorbildlich restauriert
worden. Keine andere Altstadt
im Baltikum wirkt so deutsch
wie die von Klaipėda mit ihren
hübschen Fachwerkhäusern und
ihren gradlinigen Straßen. Die
Brücke über die *Dange* »don-
nert« laut wie eh und je, wenn
ein Bus hinüberfährt, das Stadttheater (mit modernem Anbau)
ist gut besucht, und auf dem
Theaterplatz steht das *Ännchen
von Tharau*, als sei es nie wegge-
wesen. (A 9)

*Ännchen von Tharau auf dem
Simon-Dach-Brunnen vor dem
Theater von Klaipėda (Memel)*

protestantische Friedhofskirche
hat einen Zwiebelturm bekommen. Sie gehört heute der Russisch-Orthodoxen Kirche. *Liepų
gatvė (Lindenstraße)*

Rathaus

In dem bescheidenen Renaissan-
ce-Bau hatten Königin Luise
und König Friedrich Wilhelm
III. von Preußen 1807 Zuflucht
vor Napoleons Großer Armee
gefunden. Von hier aus wurden
dann die großen preußischen
Reformen eingeleitet. Zur Erin-
nerung daran wurde hundert
Jahre später ein »Borussia«-
Denkmal vor dem Rathaus aufgestellt. An die Stelle der kriegerischen Dame mit Schwert und
Lanze trat 1970 ein Kurenfi-
scher.

Theaterplatz

Das Ännchen von Tharau auf
dem *Simon-Dach-Brunnen* (Simon Dach, 1605–1659, stammte aus Memel) mußte schon
gleich nach dem Wiederan-
schluß des Memellandes an das
Deutsche Reich einer Hitler-Bü-
ste weichen. Das Original ist in

Mažvydas-Skulpturen-Park

Eine seltsame Stille liegt über
diesem Park. Und die hundert
Skulpturen verbreiten auch Ru-
he und Frieden. Fremde ahnen
nicht, daß der Park anstelle des alten deutsch-litauischen Friedho-
fes angelegt wurde. Die ehemals

den Kriegswirren verschwunden. Memelländer und Exillitauer stifteten schon Ende der achtziger Jahre eine Kopie, die 1989 feierlich enthüllt wurde. Der Liedtext ist auf dem Sockel eingraviert. Der kopfsteingepflasterte Theaterplatz mit einigen hübschen Souvenirgeschäften und dem Internationalen Buchladen »Artia« ist der Hauptanziehungspunkt für Touristen.

MUSEEN

Meeresmuseum und Aquarium
Das Museum liegt in der ehemaligen Festung Kopgalis auf der Nehrung. Ein Besuch lohnt sich. Delphinarium. *Mi—So 11—19 Uhr, Delphinarium: Sa—So bis 18 Uhr geöffnet. Smiltynė (Sandkrug)*

Uhrenmuseum
Das Museum ist im Gebäude der ehemaligen Raiffeisen-Bank untergebracht und zeigt rund 1000 Exponate. *Di—So 12—18 Uhr, Liepų 12*

RESTAURANTS

Meridianas
Auf einem Segelschiff gelegen. *Danės krantinė, Tel. 1 68 51*

Pas Alberta (»Bei Albert«)
⚡ Freizeit- und Vergnügungskomplex mit Bar, Imbiß, Restaurant, Kegelbahn, Disko, Souvenirgeschäft. Hübsche Sachen. Bis Mitternacht geöffnet und auf der Höhe der Zeit. *Daržų, Tel. 1 71 89*

Regata
Bar und Restaurant auf einem unübersehbaren Dampfschiff in der Dange. *Danės krantinė 15, Tel. 1 25 06*

EINKAUFEN

Alte Post
Aukštoji 13

Galerie Bohemia
Aukštoji 3/3 a

HOTELS

Baltija
Janonio 4, Tel. 1 49 67

Klaipėda
Das zentral gelegene moderne Backsteingebäude für 400 Gäste erhebt sich anstelle der alten Feuerwache. Empfang und Service, Bars und Restaurant kann man nur loben. Striptease. ⚡ Vom 12. Stock superber Blick auf die Kurische Nehrung. Das Hotel vermittelt in der Saison auch Privatunterkünfte und gibt allerlei Auskünfte. *Naujo Sodo, Tel 1 99 60 und 1 69 71, Fax +7 (00 12 63) 5 39 11*

AM ABEND

Beliebt ist vor allem Grogtrinken in einem der vielen netten Weinkeller.

Dramentheater
Teatro 2, Tel: 1 25 89

Konzerthalle
Donelaičio 4, Tel: 1 35 27

Musiktheater
Dariès krantinė 19, Tel: 1 23 46

Žilinskas-Theater
✪ Das Haus von Kęstutis Žilinskas ist Theater, Galerie, Jazzclub und Bar in einem. »Man« trifft sich hier sehr gern! *Kurpių 1, Tel. 1 90 10*

Kryžiu kalnas – »Berg der Kreuze«
Dieses litauische Heiligtum liegt knapp 20 km östlich von *Šiauliai* an der A 216 nach Riga. Von Klaipėda sind es rund 180 km. Es ist ein Ort von besonderer Stille. Auf einem natürlichen oder vielleicht auch von Menschenhand geschaffenen Hügel finden sich hier 10 000 große und über 10 000 kleine Kreuze. Die Historiker glauben, daß die ersten Kreuze im 19. Jh. nach den polnisch-litauischen Aufständen gegen den Zaren aufgestellt wurden – zum Gedenken an die gefallenen, hingerichteten und deportierten Aufständischen. 1895 wurden 150 Kreuze gezählt, 1941 waren es 200, und 1940 fanden sich schon 400 große und Tausende kleiner Kreuze auf dem Hügel. Diese Zeichen litauischer Frömmigkeit waren den Kommunisten immer unheimlich. In der Stalin-Zeit und sogar noch in der Breschnew-Zeit hat die sowjetlitauische Obrigkeit immer wieder versucht, den Hügel zu zerstören. Noch zwischen 1961 und 1975 sind rund 5 000 Kreuze niedergerissen worden. Doch die Menschen brachten immer neue Kreuze und Skulpturen auf den Hügel. Heute ist der »Berg der Kreuze« ein nationaler Wallfahrtsort geworden, den alljährlich über 100 000 Gläubige und Touristen besuchen. (C 9)

Kurische Nehrung / Nidden
Nach einem Ferienaufenthalt in Rauschen ließ Thomas Mann sich 1930 auf dem »Schwiegermutterberg« des alten Fischer- und Künstlerdorfes Nidden ein Sommerhaus bauen – »als Gegengewicht gleichsam zu unserer süddeutschen Ansässigkeit«. Er war fasziniert von der »unbeschreiblichen Eigenart und Schönheit dieser Natur«. Die Familie Mann verbrachte drei Sommer in Nidden. Dort entstand der dritte Teil von »Joseph und seine Brüder«. ★ ↘ Das *Sommerhaus* ist seit 1967 Museum, aber nur drei Monate in der Saison geöffnet. Vom Haus aus hat

Thomas-Mann-Haus im alten Fischer- und Künstlerdorf Nidden

man einen unerhört schönen Blick auf das Kurische Haff. Nidden *(Nida)* gehört zusammen mit drei anderen alten ostpreußischen Dörfern zum Kurort *Neringa,* der zur Stadt erhoben wurde. Der litauische Teil der Kurischen Nehrung, auch »litauische Sahara« genannt, ist im Gegensatz zum russischen Teil sehr gepflegt. Man kann dort Elche baden sehen. Eine Dampferfahrt auf dem Haff ist zu empfehlen. Auskunft im Hotel »Klaipėda« und am Anleger. (A 10)

Palanga
Litauens beliebtester Bade- und Kurort (12 000 Ew.) liegt 25 km

östlich von Klaipéda. Klima und Natur, aber auch Moskauer Urlaubsplanung haben bisher alljährlich eine halbe Million Feriengäste in die grüne Stadt an der *Ražė* geführt. Jetzt hofft man auf Gäste aus dem Westen. Die Kirche an der *Vytauto gatvė* stammt vom Ende des 19. Jhs. Die hübschen Fachwerkhäuser an der *Basanavičiaus gatvė* stehen unter Denkmalschutz. Wer nicht baden will (in den letzten Jahren wurde sie davon abgeraten), kann im *Botanischen Garten*, spazieren gehen. Am Eingang grüßt Ihre Majestät Eglé, die Natternkönigin, eine Plastik. Mitten im Park liegt das Ende des 19. Jhs. erbaute *Palais* des Grafen F. Tyszkiewicz, der auch den Park anlegen ließ. Hier wurde 1963 das ★ *Bernsteinmuseum* eröffnet, die eigentliche Attraktion von Palanga. Es besitzt 25 000 Exponate, 4500 davon sind in 15 Sälen thematisch ausgestellt. Sie erzählen von der Entstehung des Sonnensteins und seiner Bedeutung für die Kulturgeschichte. Die Sammlung enthält 70 Stücke Rohbernstein — das größte wiegt 3698 Gramm — und 15 000 Inklusen (Einschlüsse). Die wertvollsten Inklusen, Tausendfüßler, Spinnentiere und Ameisen, sind ausgestellt. Die wunderschönen Schmuckstücke sind leider nicht zu kaufen. In Palanga gab es seit dem 17. Jh. Bernsteinwerkstätten. Die Verarbeitung hat sich ins »Dailé«-Kombinat in Klaipéda verlagert. (A 9) *Bernsteinmuseum, Di–So 11–18 Uhr, Vytauto 17.* Ein angenehmes Hotel: *Pajūris, Basanavičiaus 9, Tel. 5 33 45. Camping an der Chaussee Klaipėda–Palanga Užkanaves, Tel. 5 16 76*

EXKURS NACH KALININGRAD

Das Gebiet *Kaliningrad* der Russischen Föderation, nunmehr die »Freihandelszone Bernstein«, wurde am 1. Januar 1991 offiziell für Ausländer geöffnet. Aus Litauen kann man einen Ausflug nach Kaliningrad oder *Sowjetsk* (Tilsit) machen. Man startet dann entweder in *Vilnius* oder in *Klaipéda* (Memel), muß aber in jedem Fall bei *Sowjetsk* über die Memel. Nun ist es kein Geheimnis, daß der Ausflug auch ohne russisches Visum gelingen kann, wenn der Grenzposten an der alten Königin-Luise-Brücke gerade nicht besetzt ist. Leider erteilt die russische Botschaft in Vilnius noch keine Visa. Also empfiehlt es sich, die Dienste litauischer Reiseunternehmer in Anspruch zu nehmen, die Absprachen mit den zuständigen russischen Stellen haben. So kann man beispielsweise von *Klaipéda* aus per Tragflügelboot die Memel aufwärts bis *Tilsit* fahren und dort zwei Stunden visafrei an Land gehen. In *Vilnius* bietet die *Fa. Villon* Ausflüge nach Königsberg und Tilsit an.

Das ehemalige Ostpreußen ist heute doppelt interessant, einmal als ein Stück versunkenes Deutschland, dessen Spuren nicht zu übersehen sind, zum anderen aber auch als ein Stück untergegangene Sowjetunion, die in Gestalt von Lenin-Denkmälern, militarisierten Orts- und Straßennamen und viel Militär noch immer präsent ist. (A 10)

Auskunft: *Hotel Klaipéda* in *Klaipéda, Tel. 5 75 07 u. 9 22 72; Fa. Villon in Vilnius, Tel. 26 17 18*

Von Auskunft bis Zeitschriften

Hier finden Sie kurzgefaßt wichtige Adressen und Informationen für Ihre Baltikum-Reise

AUSKUNFT VOR DER REISE

Baltic Tours
Brennerstr. 58, 2000 Hamburg 1, Tel. 040/241589 und 241580, Fax 040/246463

Baltisches Reisebüro
Bayerstr. 37/I, 8000 München 2, Tel. 089/593653 und 593694, Fax 089/525913

Estnisches und Lettisches Fremdenverkehrsbüro
Bayerstr. 37/I, 8000 München 2, Tel. 089/596783, Fax 089/525913

Lettisches Fremdenverkehrsbüro in Norddeutschland
Schnieder Reisen GmbH, Im Dammtorbahnhof, 2000 Hamburg, Tel. 040/458097, Fax 040/418615

Rautenberg-Reisen GmbH
Spezialisiert auf Gebiet Kaliningrad und Memelland. *Postfach 1909, 2950 Leer, Tel. 0491/4143, Fax 0491/5801*

Schnieder Reisen GmbH
Harkortstr. 121, 2000 Hamburg 50, Tel.: 040/38020694, Fax 040/388965

AUSKUNFT IM BALTIKUM

Auskunft in Tallinn
Estnisches Fremdenverkehrsamt Suur-karja 23, 200001 Tallinn, Tel. +7 (0142) 441239, Fax +7 (0142) 440963

Auskunft in Riga
Lettisches Fremdenverkehrsamt Brīvības bulv. 36, Tel. +7 (0132) 213011, Fax +7 (0132) 284572.
Empfehlenswert: Latvia Tours bietet Spezialreisen im Baltikum an. *226168 Riga, Grēcinieku 1222/24, Tel. +7(0132)213652 und 220047; Fax +7(0132)213666*

Auskunft in Vilnius
Litauen hat noch kein zentrales Fremdenverkehrsbüro.
Solide Auskunft erteilt die *Litauische Tourismus-Assoziation, 2009 Vilnius, Ševčenkos 31, Tel. +7(0122)651385 und 261718 (deutsch), Fax +7(0122)651385.*
Der Präsident ist auch Generaldirektor des litauisch-englischen Gemeinschaftsunternehmens *Villon,* das unter derselben Adresse und Telefon- und Faxnummer

ebenfalls solide Auskunft verspricht. Versuchen kann man es auch bei *Okto-Piligrimas*, einem litauisch-deutschen Gemeinschaftsunternehmen.
2009 Vilnius, Ševčenkos 19,
Tel. +7 (01 22) 26 30 47,
Fax +7 (01 22) 22 49 52

AUSWEIS/PASS

Mit einem gültigen Paß kann man in jeden der drei Staaten einreisen. Visa werden gegen Entgelt bei der Einreise erteilt, können aber auch bei den Botschaften der baltischen Staaten in Bonn beantragt oder von den Reiseveranstaltern besorgt wer-

den. Das Visum *eines* der drei Staaten gilt seit dem 1. Mai 1992 auch für die beiden anderen. Es wird aber das Visum des Landes benötigt, in das man zuerst einreist. Für einen längeren Ausflug nach Kaliningrad braucht man ein russisches Visum, das Sie vor der Reise beantragen müssen.

AUTO

Vorgeschrieben sind Führerschein und Fahrzeugschein. Haftpflichtversicherungszwang besteht nicht. Klären Sie bei Ihrer Versicherung die Gültigkeit Ihrer Haftpflichtversicherung und schließen Sie unbedingt

Hotel- und Restaurantpreise

Der Service in den bekannten großen Hotels in Tallinn, Riga und Vilnius ist auf sowjetischem Niveau stehengeblieben. Dafür sind die Preise in die Höhe geschnellt. Viele Geschäftsleute und Reisende weichen deshalb auf preisgünstige Privatquartiere aus, die zunehmend angeboten werden. Lichtblicke sind die neuen Jointventure-Hotels der Kategorie 1 und 2.

Hotels
Kategorie 1: ab 220 Mark
Kategorie 2: ab 120 Mark
Kategorie 3: bis 120 Mark
Die Preise sind Einzelzimmerpreise. Angesichts der Zimmernot empfiehlt sich, die Unterkunft bei den Spezialveranstaltern zu buchen. In Lettland und Litauen wird von Ausländern Zahlung in Devisen verlangt.

Restaurants
Angesichts der unabsehbaren Währungsentwicklung in den drei Ländern haben wir diesmal darauf verzichtet, Preiskategorien für Restaurants anzugeben.

Sie lassen sich z. Z. nicht in jedem Einzelfall zuverlässig für einen überschaubaren Zeitraum ermitteln. Als Faustregel gilt: Estnische Restaurants sind auch nach der Wiedereinführung der Krone (Kurs im Herbst 1992: 1 Mark = 8 Kronen) billig. Die Preise in lettischen und litauischen Restaurants belaufen sich wegen des aberwitzigen Kurses des »lettischen Rubels« und des litauischen »Talonus« auch nur auf ein paar Mark. Nur die Preise in den Joint-venture-Restaurants (z. B. im Jever Bistro in Riga) entsprechen mittlerem westeuropäischem Niveau.

eine Kurzkaskoversicherung und eventuell auch eine Insassenversicherung ab. Bleifreies Benzin und Super gibt es in Tallinn *(Union Tankstellen: Pärnu mnt. 141, Pirita-Yachthafen)* und — gegen Devisen — in *Riga (Pernauas 78, Miera 3) sowie in Vilnius (Agūonu 24).* Es empfiehlt sich also, einen Kanister mitzunehmen. Normalbenzin (93 Oktan) und Diesel sind auch gegen Rubel zu haben. Dabei ist aber wegen der schlechten Versorgungslage Schlangestehen in Kauf zu nehmen. Geschwindigkeit: auf normalen Straßen in Orten 50 km/h, auf Land- und Schnellstraßen 100 km/h. Eine Autobahn gibt es nur in Litauen.

Parken: Die Altstädte von Tallinn und Riga sind teilweise für den Privatverkehr gesperrt. Lassen Sie Ihren Wagen also außerhalb der Stadtkerne stehen.

Pannenhilfe:
Estland: *Union-Tankstellen in Tallinn, Pärnu mnt. 141, Tel. 52 99 00* und in *Pirita.*

Lettland: *Tehno Rīga Inc. (im Gebäude des Motormuseums) Riga 226 079, Eizenšteina 6, Tel. 55 27 77, Mobil-Tel. +3 58 49-34 80 67, Fax +7(01 32)53 86 95. Auf diese Firma ist Verlaß. Ersatzteile für VW und Audi vorhanden.*

Litauen: *Autoservisas, Kirtimų 41 a, Tel. 64 17 60; Garage Eva, Jačioniu 14, Tel. 64 34 19, Fax +7(01 22)64 34 19 in Vilnius;* Ersatzteile sind mitzubringen.

BANKEN

Wechselstuben gibt es in den großen Hotels, auf der Post, im Bahnhof und auf dem Flughafen. Kreditkarten werden in den Joint-venture-Hotels und -Restaurants ausnahmslos akzeptiert, in den ehemaligen Intourist-Hotels nur ausnahmsweise und in »normalen« Hotels gar nicht. Nehmen Sie also genügend Bargeld mit.

BOOTE

Segeltouren in die meisten baltischen Häfen sind jetzt möglich.

BOTSCHAFTEN

Botschaften der Bundesrepublik
Tallinn: *Rävalapuistee 9/7, Tel. 69 14 72, 69 15 63, 69 13 53; Mobil-Tel. +3 58/49 10 27 76*
Riga: *Basteja bulv. 14/4, Tel. 22 90 96, Mobil-Tel. +3 58/49 10 27 75*
Vilnius: *Z. Sierakausko-24-8, Tel. 26 16 61; Inmarsat-Tel. +8 71/112 03 22*

CAMPING

Wildes Campen ist verboten. Die besten Campingplätze in Estland liegen an der Schnellstraße Tallinn–Pärnu: *Camping & Motel Peoleo, 12 km südlich von Tallinn,* und *Camping Kernu, 40 km südlich von Tallinn.* In Lettland empfiehlt sich der Campingplatz in *Saulkrasti, ca. 20 km nordöstlich von Riga an der Schnellstraße nach Tallinn.* In *Litauen* wurde ein neuer Campingplatz in *Trakai* eröffnet, *Palanga* soll den besten im ganzen Land besitzen.

DIEBSTAHL UND VERLUST

Diebstähle und Verluste kann man melden, in den Hotels und bei der Polizei. Die Aussicht, Gestohlenes oder Verlorenes wiederzubekommen, ist gering.

Strand des alten Kur- und Badeortes Jūrmala bei Riga

EISENBAHN UND BUS

In den drei Ländern gibt es gut entwickelte Bus- und Bahnnetze. Die drei Hauptstädte sind durch Überlandbusse und Bahnlinien miteinander verbunden. Auskunft in den Bahnhöfen und Hotels.

FÄHREN

Die großen Routen Travemünde/Rostock/Stockholm/Helsinki — Tallinn/Riga/Klaipėda sind bei den Reiseveranstaltern zu erfragen.

FERIENHÄUSER

Das Ferienhauswesen steckt noch völlig in den Kinderschu-

hen. Estland macht eine Ausnahme mit dem *Roosta Holiday Camp 115 km südwestlich von Tallinn.* Auskunft: *Swedest Motel Group, Ehitajate 3, 203 170 Haapsalu, Tel. +7 (0 14 47) 9 37 32, Fax +7 (0 14 47) 5 69 66*

LEIHWAGEN

Tallinn
Refit Ltd. (Toyota Corolla), Magasini 20, Tel. 66 10 46 und 68 26 07; Ideal Ltd. (Volvo, Toyota Corolla), Tel. 21 92 22 und 21 27 35 (im Flughafen)

Riga
Ventus (VW; Volvo), Torụa 9, Tel. 32 72 54; Baltic Tours (VW), Hotel Turist, Zi. 516, Slokas 1, Tel. 61 55 59

Vilnius

Eva, Jačionių 14, Tel. 64 94 28; Lit-interp, Sporto 21, Tel. 75 61 72 und 35 70 14; Rent-a-car Baltic optima, Tel. 46 09 98

KULTURINSTITUTE (DEUTSCHE)

Tallinn

Deutsches Kulturinstitut, Tölli 4, Tel. 60 13 43; Gesellschaft für deutsch-baltische Kultur in Estland, Tölli 4, Tel. 60 17 44

Riga

Deutsches Kulturzentrum, Kronvalda bulv. 9, Tel. 32 31 62; Lettisch-Deutscher Kulturverein, Skolas 38, Tel. 26 68 94

Vilnius

Litauisch-Deutsche Gesellschaft, Universiteto 3, Tel. 61 16 87; Deutsch-Litauischer Kulturverband in Litauen, Kalvarių 223, Tel. 26 04 87 und 61 88 96

Klaipėda

Deutsch-Litauischer Kulturverband in Litauen, Tel. 1 62 43 und 5 24 53 (Der Deutsch-Litauische Kulturverband ist eine Organisation deutschstämmiger Litauer.)

LITERATUR

Die Versandbuchhandlungen *Mare Balticum, Rubensstr. 7, 5000 Köln 1, Tel. 02 21/21 49 96* und *Harro von Hirschheydt, Postfach 81 02 53, 3000 Hannover 81, Tel. 05 11/83 04 50* verschicken auf Anfrage umfangreiche Literaturlisten.

Das im Text erwähnte Buch »Der Tod von Reval« ist enthalten in: Werner Bergengruen »Schnaps mit Sakuska. Baltisches Lesebuch« dtv 11577/DM 22.80

Schon 1990 ist das Handbuch *The Baltic States. A Reference Book* erschienen. Eine zweite Auflage ist in Vorbereitung. Das Handbuch kann man in Tallinn, Riga und Vilnius finden, aber auch bei den Versandbuchhandlungen bestellen.

NOTRUFE

Aus sowjetischer Zeit sind die Telefonnummern in den drei Ländern (noch) identisch.
Feuer 01
Polizei 02
Notarzt 03

POST UND TELEFON

Ortsgespräche kann man von allen öffentlichen Telefonzellen, aus den Hotels und aus der Post führen, Ferngespräche nur aus der Post und aus den Hotels. Auslandsgespräche müssen angemeldet werden. Das kann lange dauern. Die Hotels verfügen über mobile Telefone, die Telefonate sind in Devisen zu bezahlen. Das + Zeichen vor den angegebenen Telephonnummern bedeutet: Aus Deutschland, Österreich und der Schweiz ist zusätzlich 00 zu wählen, aus kleineren Orten der neuen Bundesländer 000. Die neuen Briefmarken der baltischen Staaten kauft man auf der Post, sie sind für Sammler (als Mitbringsel) von Wert.

RUNDFUNK

Radio Vilnius sendet auf der Kurzwelle täglich um 22.30 Uhr (666, 9535; 9675 kHz), um 24.00 Uhr (17690; 17605) in englischer Sprache. In Riga Radio AA englisch auf 102,7 FM.

ZEITSCHRIFTEN

In den drei baltischen Staaten erscheinen jetzt auch englischsprachige Wochenzeitschriften: *The Baltic Independent, Tallinn; The Baltic Observer, Riga; The Lithuanian Weekly, Vilnius*. Hinzu kommt in Tallinn das *Tallinn City paper*, das viermal im Jahr erscheint. In Riga informiert das Monatsblatt *Latvian Awakening* über das Kulturleben in Lettland. Die Blätter sind in den Hotels oder an den Kiosken zu bekommen.

ZOLL

Zollfrei sind alle Gegenstände des »persönlichen Bedarfs«, zusätzlich 250 Zigaretten oder 250 Tabak, $^1/_2$ Liter Spirituosen und 1 Liter Wein und eine »angemessene« Menge Parfüm.

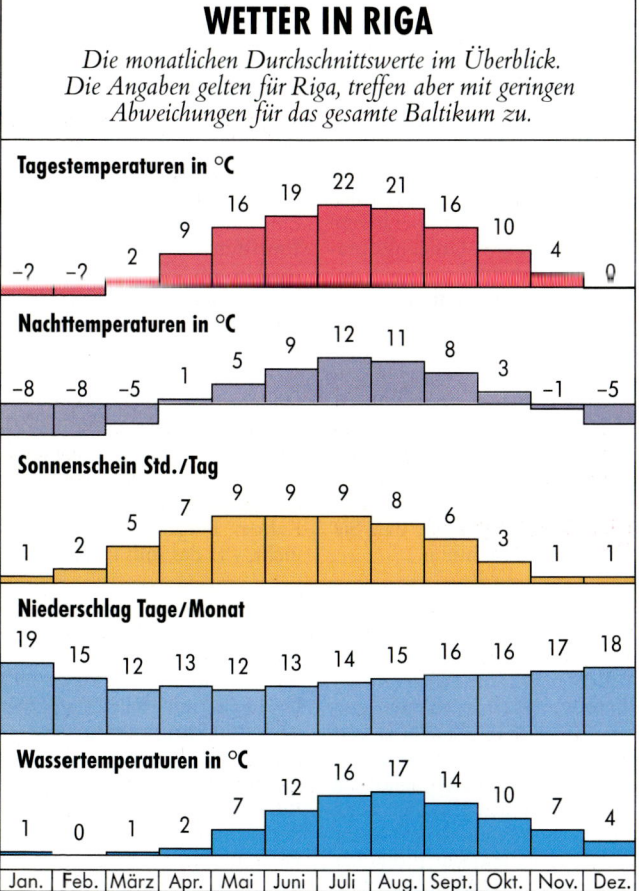

WETTER IN RIGA

Die monatlichen Durchschnittswerte im Überblick.
Die Angaben gelten für Riga, treffen aber mit geringen Abweichungen für das gesamte Baltikum zu.

Tagestemperaturen in °C

Jan.	Feb.	März	Apr.	Mai	Juni	Juli	Aug.	Sept.	Okt.	Nov.	Dez.
−2	−2	2	9	16	19	22	21	16	10	4	0

Nachttemperaturen in °C

Jan.	Feb.	März	Apr.	Mai	Juni	Juli	Aug.	Sept.	Okt.	Nov.	Dez.
−8	−8	−5	1	5	9	12	11	8	3	−1	−5

Sonnenschein Std./Tag

Jan.	Feb.	März	Apr.	Mai	Juni	Juli	Aug.	Sept.	Okt.	Nov.	Dez.
1	2	5	7	9	9	9	8	6	3	1	1

Niederschlag Tage/Monat

Jan.	Feb.	März	Apr.	Mai	Juni	Juli	Aug.	Sept.	Okt.	Nov.	Dez.
19	15	12	13	12	13	14	15	16	16	17	18

Wassertemperaturen in °C

Jan.	Feb.	März	Apr.	Mai	Juni	Juli	Aug.	Sept.	Okt.	Nov.	Dez.
1	0	1	2	7	12	16	17	14	10	7	4

Bloß nicht!

Ein paar Dinge, die Sie beachten sollten

Wunder erwarten

Die drei baltischen Staaten befinden sich in einer ökonomischen Krise. Der Tourismus wird für lange Zeit eine der wenigen Einnahmequellen sein. Aber er will auch gelernt sein. Erwarten Sie also bloß keine Wunder!

Russisch reden

Englisch und Deutsch sind Spitzenreiter in Schulen, Hochschulen und Sprachenkooperativen. Die bisherige »Umgangssprache« Russisch wird nur noch ungern benutzt. Wenn Ihr Russisch also besser ist als Ihr Estnisch, Lettisch oder Litauisch, sollten Sie das Gespräch doch zuerst in Ihrer Muttersprache beginnen, dann einen Versuch in Englisch unternehmen und erst dann auf das Russische übergehen. Aber entschuldigen Sie sich in Lettland bitte nicht dafür, daß Sie kein Litauisch können.

Langfinger herausfordern

Die Kriminalität in den drei Ländern steigt ständig. Die erst im Aufbau begriffene Polizei ist vor allem den Mafiosi aus den großen russischen, kaukasischen und mittelasiatischen Großstädten nicht gewachsen, und die Hotels sind nicht in der Lage oder nicht gewillt, diesen leicht zu erkennenden Typen die Tür zu weisen. Sie sollten also auf Ihre Wertsachen achten. Lassen Sie Geld und Schmuck tagsüber lieber nicht im Hotelzimmer liegen und nehmen Sie bewegliche Gegenstände, auch Scheibenwischer, abends mit ins Hotel!

Hotel-Ärger

In den Hotels *Viru* und *Olümpia* in Tallinn, *Rīga* und *Latvija* in Riga und *Lietuva* in Vilnius ist Prostitution nicht zu übersehen. Eine Plage sind auch die Wodka-Touristen aus Finnland, die besonders am Wochenende in Tallinn einfallen. Über russische Touristen, die im Turnanzug und Pantoffeln zum Frühstück erscheinen, kann man sich nur wundern – sie gehören zum Lokalkolorit. Ärgern muß man sich aber über die in einigen Hotels verlangte Extra-Bezahlung in Rubel für jede einzelne Tasse Kaffee. Fragen Sie sich bloß nicht, was das soll! Das ist so.

Stöckelschuhe

Die Straßenpflaster in den Altstädten von Tallinn, Riga und Vilnius sind holprig und löchrig. Also nicht mit Stöckelschuhen zum Rundgang aufbrechen.

Kirchen und Klöster

Auch in die Kirchen und Klöster des Baltikums sollten Sie nicht in Freizeitkleidung gehen und fragen, ob Fotografieren erlaubt ist.

In diesem Register finden Sie alle erwähnten Orte und Sehenswürdigkeiten.

Was bekomme ich für mein Geld?

 Estland hat am 20. Juni 1992 seine *Kroon* (Krone) wieder eingeführt. Die Krone ist konvertierbar und die einzige gültige Währung im Lande. Devisenläden gibt es nicht mehr. »In unseren Geschäften kann man jetzt alles kaufen«, sagen die Esten, »aber wir können uns längst nicht alles leisten.« Lettland hat, weil die Russische Staatsbank nicht mehr ausreichend Rubelnoten liefern konnte, am 19. Juli 1992 als Übergangswährung bis zur Wiedereinführung des *Lat* den sog. »Lettischen Rubel« eingeführt, der im Wert dem russischen Rubel entspricht. In Litauen gilt seit dem 1. Oktober 1992 — ebenfalls als Übergangswährung — der »Talonas« (»Talon« oder »Kupon«). Ein »Talonas« entspricht im Wert einem russischen Rubel. Aber der *Litas* soll nun auch bald kommen. Die Währungsverhältnisse sehen komplizierter aus, als sie sind. In Estland bezahlen Sie alles mit Kronen. In Lettland und Litauen bekommen Sie für 10 Mark oder 5 Dollar nach wie vor päckchenweise Rubel oder Talons. Den Schwarzen Markt können Sie vergessen, weil die Kurse gleichgezogen haben. Ihre Rubel- oder Talonpakete können Sie am besten in den neuen privaten Restaurants ausgeben. Eintrittspreise für Museen, Galerien, Theater, Konzerte, Kino usw. sind wegen des Kurses nicht der Rede wert. Souvenirs, Gegenstände des Kunsthandwerks, Bücher, Schallplatten, Bilder, Graphiken, Antiquitäten und Bernstein sind ebenfalls spottbillig, wenn sie für Rubel verkauft werden. Aber gehobene Produkte des Kunstbetriebes und des Kunsthandwerks werden in Lettland und Litauen schon auch gegen Valuta angeboten. In Lettland ist der Dollar die heimliche Hauptwährung, in Litauen vertraut man mehr auf die Mark. Für Devisen bekommen Sie dort fast immer ein Hotelzimmer oder eine private Unterkunft, und Sie können natürlich in den zahlreichen Valuta-Läden westliche Konsumgüter einkaufen. Die sind aber häufig teurer als zu Hause. Für Mark und Dollar bekommen Sie in Riga und Vilnius auch bleifreies Benzin oder ein Taxi wohin Sie wollen, und bei den nationalen Fluggesellschaften günstige Tickets in diverse GUS-Hauptstädte.

Markt in Vilnius: Für die Balten ist das Leben teuer geworden